通识课

写作通识课

胡森林 王思思 著

中共中央党校出版社

图书在版编目（CIP）数据

写作通识课 / 胡森林，王思思著 . -- 北京：中共中央党校出版社，2022.4（2023.12 重印）
（新时代领导干部通识读物）
ISBN 978-7-5035-7283-8

Ⅰ. ①写… Ⅱ. ①胡… ②王… Ⅲ. ①公文－写作－干部教育－学习参考资料 Ⅳ. ① C931.46

中国版本图书馆 CIP 数据核字（2022）第 051821 号

写作通识课

责任编辑 蔡锐华 王美丽
版式设计 张 敏
责任印制 陈梦楠
责任校对 魏学静
出版发行 中共中央党校出版社
地　　址 北京市海淀区长春桥路 6 号
电　　话（010）68922815（总编室）　（010）68922233（发行部）
传　　真（010）68922814
经　　销 全国新华书店
印　　刷 北京中科印刷有限公司
开　　本 710 毫米 ×1000 毫米 1/16
字　　数 189 千字
印　　张 15
版　　次 2022 年 4 月第 1 版 2023 年 12 月第 2 次印刷
定　　价 48.00 元

邮　　箱：zydxcbs2018@163.com　**微 信 ID**：中共中央党校出版社

总 序

领导干部要有通识通学通才

得知中共中央党校出版社准备出版一套领导干部通识教育读物，深受鼓舞。这一套系列丛书，涵盖文学、历史、哲学、经济、政治、军事、管理、科学、艺术等各个主要学科领域。它们将能丰富我们的知识，拓宽我们的眼界，推动我们的思维认知、选择决策，延伸发展我们的执政能力、教化能力、全面深化改革能力，优化领导干部素质，提高领导干部的境界和威信。

为了完成党领导全国各族人民，统揽伟大斗争、伟大工程、伟大事业、伟大梦想，推动中国特色社会主义伟大事业的历史使命，我们的领导干部，不但必须掌握既有的专门学科知识与技能，更要具备统揽大局、统筹全局的通识通学通才。

新中国成立前夕，在毛泽东提议下，党中央重新编审了一套12本干部要学习的马列主义著作，毛泽东专门把这套书定名为“干部必读”。这12本“干部必读”，也是一套马列主义著作的通识课，许多老同志至今对此记忆犹新，感奋不已。改革开放初期，邓小平提出了实现干部队伍革命化、年轻化、知识化、专业化的战略方针。其中的知识化，既包括了专业教育，也包括了通识教育、通才教育。习近平总书记十分重视对领导干部的本领和能力的培养教育，他提出“领导干部要爱读书读好书善读书”，领导干部要增强“八大本领”，年轻干部要提升“七种能力”。习近平总书记强调，经济、政治、历史、文化、社会、科技、军事、外交等方面的知识，领导干部要结合工作需要来学习，不断提高自己的知识化、专业化水平。要坚持干什么学什么、缺什么补什么，有针对性地学习掌握做好领导工作、履行岗位职责所必备的各种知识，努力使自己真正成为行家里手、内行领导。这样才能成为一个复合型领导干部，也就是一个通才。

作为复合型领导干部，还要善于汲取世界先进文明成果。文明因多样而交流，因交流而互鉴，因互鉴而发展。马克思主义和社会主义思想传入中国，再到改革开放以来全方位对外开放，中华文明始终在兼收并蓄中历久弥新。我们只有张开双臂拥抱世界，才能不断扩大对外开放，社会主义市场经济才能取得高质量发展。

孔子提出了“君子不器”的观点，就是说，君子的使命感责任感在于修齐治平，大任在于家国天下，不能仅仅满足于技能性操作，更要把握天命天道，以及多方面的追求规范，用今天的话来说，就是要把握历史的发展规律，要树立正确的“三观”与科学的价值体系，从而更好、更全面地推动中国的进步与发展。

我们常说，博观约取，厚积薄发。通识教育就是一个“博观”“厚积”的过程，这个过程做扎实了，就能“约取”“薄发”。领导干部要做到通识，要融会贯通多学科、跨学科与人民历史性实践的方方面面的文明成果。这样一个成果的获得，也正是马克思提出的实现人的全面发展的理想在中国特色社会主义现代化中的体现。经过摸索探寻研讨总结，希望这套丛书的出版能有助于领导干部自我教育的努力，有利于我们的干部通识教育的发展与完善。

王蒙，著名作家、学者，曾任文化部部长，2019 年 9 月被授予“人民艺术家”国家荣誉称号。

前 言

领导干部为什么要学习写作

本书是写给各级党政领导干部阅读的写作通识课。有人可能会问，领导干部的主要职责是从事公务、政务的决策与管理，学理论、学经济、学管理，甚至学法律、科技等都可以理解，可为什么还要学习写作呢？学习写作对于当好领导干部有什么帮助呢？

领导干部所需的诸多能力修养当中，写作能力是不可或缺的，能够满足多方面的需要。

首先，写作是开展领导工作、履行工作职责的需要。作为领导干部，要领导一个单位、一个部门或一个地区的工作，要指导下级高质量开展工作，离不开文字表达和文章写作，如公文、讲话稿、群众回信、批示，等等。领导干部要想履行好职责，没有过硬的写作水平就会面临很多挑战。

其次，写作是提升理论修养、锤炼能力本领的需要。一个领导干部，最重要的能力是政治能力，最关键的素养是理论素养，这些能力和素养从哪儿来？就是从读书和写作中涵泳而来，从思考和提炼中积累而来。所以，在阅读和思考的基础上，经常动笔写一写，有助于自己对事物的认识从感性上升到理性，提高对理论的认识和把握能力，提高运用理论分析问题、解决问题的能力，这是领导干部能够发展得好、走得长远的根本。

再次，写作是加强经验总结、开创工作新局的需要。领导干部要想让自己的工作推陈出新，不断开创新的局面，离不开经常性地对工作进行系统总结、深入分析、反思改进，找出工作中的规律性，弄清其中的成败得失，从而形成新的理念、新的思路和新的举措。写作是加强经验总结的重要方式，在总结中形成的思路，通过汇报、交流、宣传等途径加以展示，统一思想，协调行动，凝聚共识，有助于推动工作不断迈上新台阶。

又次，写作是发挥以身示范作用、培养人才队伍的需要。领导干部的一个重要任务就是带好队伍、培养人才，很多时候，言传不如身教，领导干部自身如果喜欢写作、经常写作，就会形成良好的示范效应，引领和带动自己的队伍勤学善思，乐于总结，就能形成良好的学习氛围，推动人才队伍见贤思齐，塑造良好的组织文化，有利于干部人才的培养。

最后，写作是展示自身形象、获取发展机会的需要。每一个领导干部，在做好本职工作的同时都希望得到更好的发展，获得更广阔的空间和平台。除了良好的工作业绩和群众口碑等条件之外，也需要自身具有过硬的素质和良好的形象，获得更广泛的认可。写作是展示自身能力素质和良好形象的一个极佳途径，写出高质量、有见地的文章，有助于在领导和同事心目中留下理论水平高、思想敏锐、善于思考等良好印象，那么自然也能获得更多的发展机会。

领导干部学习写作、善于写作的好处可能还不止这些，这里只是抛砖引玉，从这几个方面，试图为领导干部为什么要重视写作的问题提供一些答案。希望这些观点能引发广大读者的思考，希望领导干部能够重视写作、提升自己的写作能力，从而更好地履行自身职责，也不断提升自己的综合能力素质。本书作者应出版社邀请，撰写这一本写作通识课，其初衷正在于此。

由于作者才疏学浅、考虑不周，书中错漏和谬误之处，恳请读者批评指正。

目 录

第一章
如何认识写作

领导干部要想驾驭写作，前提条件是对它有比较透彻的理解和认知，把握其本质和特性，掌握其方法门径。本章先探讨写作具有哪些属性和特点，以及领导干部所涉的写作类型。

一、写作的属性

写作具有什么样的属性？我们可以从几个分类来把握。

1. 按对象范围来分

我们可以把写作分为个人化写作、对象化写作、公众化写作。个人化写作也可以叫作私人写作，是只写给自己看的，或者在非常私密的范围内传阅的，比如日记、不愿示人的创作等；对象化写作，就是有特定对象的写作，比如信函、针对特定人的邮件、报告、演讲，以及大量面向特定对象的公文；公众化写作，是面向非特定对象的，比如报纸评论、公众演讲、在大众媒体上发布的通稿和文案等。

2. 按写作的范式来分

大部分写作行为可以归于文学写作、学术写作、媒体写作、应用写作四类。每一类都有自己的范式特点、语体特征、构成要素和适用范围。文学写作讲究审美效果，学术写作追求深刻逻辑和突破性的思想学术创见，媒体写作注重事实还原或提供增量信息，应用写作或者叫作功能写作注重实用性。

3. 按写作的风格来分

可以分为感性化写作和理性化写作两大类。前者偏重感性、情绪，依赖于想象、虚构、故事等元素，更多地运用能使人产生心理感受和情绪波动的积极修辞；后者则更注重逻辑和理性等，依赖于数据、概念、推理、分析等思维方式，更多地运用只是让人清晰理会的消极修辞。

要提高写作水平，首先需要从这些维度来认识，要写的是什么，属于哪一种，具有什么样的属性？这样才能更好地把握和驾驭它。写作既需要一定的写作方法技巧，但又不完全是方法技巧的问题，当要写作一个具体文本时，除了掌握相应文体的特征和写法，更需要的是对写作内容本身和写作所涉事物的认识和理解。

因此，贯穿在写作当中的，是写作者认识能力、思维能力的参与，写作能力的精进，其实也是对客观事物、对世界人生认知思考的深化与思维的提升，或者说，是写作者通过改造自己的主观世界，从而认识和把握客观世界。

二、写作的特征

其实写作并不是一件多么高深的事情，具备一定文化基础和语言运用能力的人就能胜任，但在很多人看来，写作很难，挑战性很大，常常找不到有效的门径。这种客观门槛并不高与主观感受难度大之间的背离，究其原因，在于写作具有“三无”的特征：无客观标准、无通用模式、无方法体系。

1. 无客观标准

对作品的评价是一个主观与客观相结合的产物。从客观上说，好的文章有一些约定俗成的评价标准，也有从古至今大家公认的好文章的通则，但在实际当中往往受主观评价判断的影响，由于价值观念、人生经历、审美趣味、个人好恶等的不同，不同的人对同一篇文章的评判往往大相径庭。因此，自古以来就有“文无第一”的说法。

而某些特定的文体如公文，是一定的领导意图的体现，其使用者常常是特定的领导（包括领导机关、领导集体或领导个人），法定作者是领导而不是起草者。这种撰写者与署名者分离的情形，导致了公文好坏的评判权主要在使用者和接受者手中，而不是在起草者手中，由于每个人的喜好不同，导致评价标准更加难以明确和一致。

2. 无通用模式

写作是一种灵活多变的行为，每一类型、每一文种的体例格式、结构特征、写法要求、风格特点都不一样，每一篇文章的立意、主题、内容、对象场合、使用要求也各不相同。即便如法定公文那样有相对固定的格式，或者有些文体如新闻作品有相对稳定的结构特征和大致写作要领，但具体到每一篇文章，也都不一样。

每篇文章的目的不一样，面对的问题不一样，写起来都不一样，所以很难用一个模子去套，需要具体情况具体分析。上述这些情况，就带来了写作看似有套路、有格式，但更多的时候需要因文因事因地制宜。

3. 无方法体系

写作本身是一种古老的行为，但一直以来，学习写作缺乏有效的方法论指导。中国是文章大国，从古至今有无数的人从事写作，也留下了浩如烟海的大量文章，但中国文化的传统是理念重于方法，抽象原则多于实际技巧，所以文章之道多于文章之法，即便有一些文论方面的著述，除了专门研究古代文学的人之外，现代人中也很少有人会阅读和了解古代文论的有关内容。由于时代的变迁和语言的流变，古代写作的很多经验和方法到现在也不完全适应。

中国现代白话文诞生一百多年来，对于文章写作，也有人做过讲解和梳理，但总体上说，对写作理论通则的归纳和提炼还不够，方法的积累还不多，或者是理论方法对实际写作的指导性不强，所以至今并没有形成一套成熟的、完整的、系统的传授方法体系。

直接的反映就是，在探讨写作方法时，往往只停留在一些抽象的原则上，比如观点要鲜明、结构要清晰、内容要充实之类，但如何才能做到这些呢？具体的方法和窍门是什么呢？往往很少有人讲清楚。其中的原因是多方面的，有写作这种行为自身特点的原因，有写作能力培养体系不健全的原因，也有传授者与写作实践相脱节的原因。

也就是说，在学习者特别是初学者面前，缺少了一道通往写作堂奥之门的方法桥梁，其结果就是，社会普遍存在、日益增长的写作需求与落后的传授方法之间的矛盾更加突出。

在实践中，部分人依靠大量阅读和天赋获得了写作的能力，无师自通掌握了文章之道，而大部分人学习写作只是停留在浅层次的模仿套用上，或者久久在门外徘徊不得其法，或者得到一些吉光片羽的点拨，而缺乏一套有效的范式可以供人深入系统地钻研和习得。所以，学习写作没法像学习计算机、机械那样，拿着学习指南和操作规程，一步一步跟着做就能学会，也不能像学开车或者健身一样，在教练的指点下就能一步步精进。

无客观标准、无通用模式、无方法体系，这“三无”特征既是写作的特点，也是学习写作时面对的困局。认识到这个特点，并不是说写作是不可学习的，而是要掌握其内在规律，才能更好地学习。

应该说，写作是一项具有创造性的智力劳动，里面有很多的默会知识，不是那么清晰地就能被人讲清楚的。“默会知识”是哲学家波兰尼提出的一个概念。他发现，在人类关于世界的所有知识中，有很大一部分是只可意会不可言传的，这一类知识叫作默会知识，又叫隐性知识，与那些能够直接说清楚和分享的显性知识相对应。

默会知识的特点是，经常使用却又不能通过语言文字等符号编码予以清晰表达或直接传递，因为它附着在个体身上，内隐在操作的过程中。默会知识是非常重要的，人类很多智慧的创造和重要经验的传承都离不开它。

破解写作“三无”难题特别是无方法体系的有效途径，就是要重视和用好写作中的默会知识。既然默会知识很难用语言说清楚，那怎样才能分享和传播呢？我们看到，很多传统技艺的传授采取的是“师带徒”模式，在一起工作时，新手通过近距离观察、揣摩熟练者的做法，加上得到适时点拨，逐渐掌握技艺。比如中医等技艺，景泰蓝等工艺品制作，京剧、书画等艺术等，都是如此。

学习默会知识，掌握里面的一些方法和诀窍，靠的是积累，凭的是感觉，不是完全用语言能说清楚的，也不是听了就能做到了，一定要在实践过程中才能掌握，才能变成自己的东西。这是很多创造性工作的共同特点。所以，对于学习者来说，很重要的一点是需要悟性。

贯穿在写作学习过程中的，有三个重要要素：一是领悟力，就是悟性、天赋、用心；二是方法论，就是技巧、门径、奥秘；三是笨功夫，就是积累和勤奋。

三、写作的功能

写作对于社会来说是不可或缺的，具有极为重要的功能与作用。其功能归纳起来有四个方面。

1. 以文叙事

所谓“叙事”，就是记述事情。会议纪要、信息、通知、工作总结等公文文种，新闻作品等讲究客观真实的文体，包括很多的年鉴、大事记、实录、纪实作品，都属于叙事的范畴。它们最大的任务，就是如实客观地记录和反映事物的真实情况和本来面目。有句话说，“今天的新闻就是明天的历史”，体现的就是这种真实性和严肃性。

以文叙事时，应该做的是认真如实记述客观事物的全貌和过程，把事情清楚明白地记述下来以供了解和查阅，而不是自我创造。要真正做到以文叙事并不容易，除了准确记述事件，还要按照基本的文法，理顺思路、锤炼文字，使得整篇文章逻辑严密、语句通顺、文辞简练。

2. 以文辅政

就是通过文章来辅助政务和公务活动的开展，协助履行领导和管理工作，为组织和社会创造现实的价值。比如调研报告、工作报告、领导讲话稿等公文，内参、研究报告、政策建议等文体，都可以起到辅政的作用。

提高文章辅政的能力，需要对宏观政策的把握、对决策意图的领会、对基层情况的了解、对实际工作的指导水平。清代许同莘借用唐代刘知几关于修史的观点，认为应当兼修学、识、才三长，“才以应物，学以树本，识以烛理”，三者不可缺其一，最终使得文章“通德达情”。

对于写作者来说，就是要多学习、多思考、多调研，从而能够把握全局、熟悉工作、通达事理，运用文字把工作要求和思考建议表达到位，发挥好辅政作用。

3. 以文鼎新

一些文章能够提出新的理论观点和重要主张，对实际工作提出新的理念、新的思路、新的举措，从而开创新的工作局面和新的气象，就达到了以文鼎新的效果。

要想在思想上革故鼎新，需要深厚的理论素养和实践积累。这要求写作者多学习、多思考，研究掌握政治学、经济学、社会学、管理学、哲学、法学等多方面知识，以理论为指引，以实践为落脚点，深入调查研究和分析问题、解决问题，为提出创新观点和思路打下基础。

4. 以文立言

立言，就是文章能流传后世，这是写作者最高的追求，也是可遇不可求的境界。达到立言层次的文章，已经超越了具体的论事层面，而是立足于重大历史时刻和事件、重要思想观念或社会永恒价值，提出独创的、深刻的、具有深远启迪的观点和论断，不仅对于当时人有启发，而且能够流传后世，成为人类精神宝库中的储藏。

一些广为人知、经久流传的经典文章，由于它们所承载的意义和价值重大，从而具有了历史意义和启迪后人的价值。历史上李斯的《谏逐客书》、贾谊的《治安策》、诸葛亮的《出师表》，近代的《五四宣言》《抗日宣言》，以及毛泽东、邓小平等伟人撰写的文章，都达到了以文立言的高度。

四、写作的类型

领导干部在履职当中会涉及多种类型的写作，以满足不同的工作需要。概括起来，主要有以下四个方面。

1. 公文写作

这是领导干部在职务行为中接触和使用最多的一种类型，是实施领导和管理的重要工具和载体。从字面理解，公文是因公的文、为公的文。广义地说，公文包括以下三大类。

第一，十五种法定公文，即决议、决定、命令（令）、公报、公告、通告、意见、通知、通报、报告、请示、批复、议案、函、纪要。这些是《党政机关公文处理工作条例》中规定的法定公文，也就是俗称的“红头文件”。使用主体是组织或机关，领导干部签发这些公文时，履行的是职务行为。

第二，事务性公文，也叫实用性公文、综合文稿等，包括总结材料、经验交流材料、汇报材料、座谈发言、调研报告、工作报告、述职报告、讲话稿、对照检查材料、批示等，种类众多，使用广泛。可以说，领导干部几乎每天都离不开这一类的材料，在使用它们时，领导干部既可以是作为法定职务履行组织或机关的职责，如工作报告、批示等，也可以作为个人主体，如讲话稿、调研报告等。

第三，服务于公务公事的应用文书，比如合同、招标书、提案、宣传稿、序言等，只要是因为公务和工作履职所需要的，都属于广义的公文。

公文姓公，具体体现在公文具有“五定”的特征，即法定作者、既定程序、法定效力、固定格式、特定功能。

第一，法定作者，指公文的使用人或者签发人，与作为自然作者的起草者不一样。公文属职务作品，归属于单位或使用者所有，文责由最后签发者或使用者来承担。

第二，既定程序。谁来起草、谁来修改、谁来审核、谁来定稿签发，是按照内部分工并由规章制度明确规定的，这样既为了通过层层把关保证质量，也体现了把个体智慧凝聚为组织智慧的需要，所以不能随意打破，也不能逾越。

第三，法定效力，公文规定和明确的事项，在它所管辖范围内的所有单位和个人必须贯彻执行。违反公文所规定的内容，就意味着不服从管理，理所应当要受到相应的处理或惩罚。发文机关或组织的职权范围越大，公文的权威性就越强，作用的范围也越广。公文的法定效力决定了它的严肃性和规范性。

第四，固定格式，大部分公文特别是法定公文，有着约定俗成的规范格式体例。这是在长期实践中形成的独特写作格式和一套制发规范，是规范化、标准化的，并用国家法规予以规定，从而使公文能在最大程度、最大范围内实现有效沟通，使公文的写作、阅读、传递、处理更快捷和更有效。

第五，特定功能，公文在国家治理、公共事务中有着特定的作用，具体来说，主要体现在以下五个方面：一是领导和指导。大到国家机器的运转，小到一个企事业单位内部工作的有序开展，都跟公文的组织、指挥、管理作用密切相关。一般来讲，上级机关的公文对其下级机关的工作发挥直接的领导和指导作用。

二是规范和约束。公文中有相当一部分具有强制性质，如条例、规定、办法、制度、细则等。这类公文是一定范围内行动的准则或行为的规范，具有明显的规范和约束作用，一旦发布生效，就必须遵照执行。

三是沟通和联系。党政机关、人民团体、企事业单位都要通过制发公文联系和商洽工作，传递和反馈信息，介绍和交流经验，使上情得以下达，下情得以上达，友邻单位得以互通信息，思想认识得以统一，各项工作能够正常而有序地开展。

四是宣传和教育。通过宣传发动和教育引导，让大家统一思想，提高认识，启发思路，形成共识，增强贯彻执行的自觉性。

五是依据和凭证。公文是作出决策、处理问题、开展工作的依据和凭证。上级发布的公文，是下级工作的依据；下级上报的公文，是上级决策的依据；本级机关制作的公文，是自己履行职能、开展工作的真实记录。所以很多重要的公文都需要归档保存很长时间，以便需要时能够便捷准确地查找利用。

为什么要突出公文的这些特征呢？对我们理解和认识领导干部履职有什么帮助？我们可以从三个方面来理解。

第一，从写作的特征中我们可以看到，公文的撰写者与署名者（签发人，也就是法定作者）常常是分离的，领导干部大部分时候是作为法定作者来使用公文的，虽然不是起草者，但需要审核、把关、签发和使用，需要认清自己的职责，更好地把握定位。

第二，公文写作是一项组织行为而不是个人行为，体现的是组织意图而非个人意图，是一个将个人主张上升为集体意志的过程，领导干部要注重自身在这个过程中发挥的作用，但要杜绝以个人主张代替组织意志，而是应该服从于组织意图表达的需要。

第三，公文是有特定功能和法定效力的，所以更要注重公文的实用性，坚持非必要不发文的原则，减少公共资源的浪费，使每一份公文都能产生实实在在的功效。

2. 理论文章写作

作为党政领导干部，理应具有较好的政治理论素养、运用理论分析问题的功底和理论联系实际的能力，研究思考的结果能够形成理论文章，能够写出好的理论文章，既是领导干部理论水平的体现，也能更好地指导工作。

领导干部写作的理论文章与纯学者的基础性、原理性理论研究不一样，大多是运用理论概念和方法来研究实际问题和具体工作的产物，往往要结合某一门类如经济、社会、科技、文化，某一行业如能源、交通、外交、军事，或者某一区域的工作，从最新的政治理论视角出发，运用哲学思维方法研究事物规律，得出具有启发性和指导性的观点，作为对某一领域、某一阶段工作的总结、提升和后续思路。但这种观点的得出不能是凭空的，理论的阐述也不能是干巴巴的，需要做到论从事出，理足据丰。

广义地说，领导干部使用的很多综合文稿某种程度上都是政论文，性质是说理的，写作手法以议论为主。但是严格意义上的理论文章一般在理论研讨会上用于交流，或者在党报党刊上发表，更强调观点的理论性和思想的启发性，这是它的定位和读者对象决定的。要写好这一类理论性文章，需要懂一些哲学和逻辑学的知识，需要具备问题意识，善于调查研究，这些“诗外功夫”是理论文章思想力的来源。

3. 新闻、文学、学术等写作

领导干部除了工作身份，也是社会和生活中的人，除了公文和理论文章外，有些爱好写作的领导干部，在不影响工作的前提下也会涉猎其他类型的写作。比如，根据新近发生的事写篇新闻通讯，或者结合时事写一篇评论在报刊发表，有感而发写篇散文、诗歌等文学作品，或者写一点学术性较强的论文，等等。当领导干部在从事这些创作时，往往会有顾虑，发表时常使用笔名。其实，这些类型的写作既拓展了领导干部的知识面，也丰富了学习与生活，陶冶了情操，抒发了性灵，有些时候还能间接地推动工作，也是社会文化建设的一部分，是值得提倡和鼓励的。

4. 一般的职场写作

领导干部同时也是职场中人，除了正式使用的公文和材料外，很多时候也会写作一些职场文稿，比如，从简单的邮件、信函、启事，到个人简介、辞职报告，以及工作方案、汇报提纲、即席讲话提纲、授课分享课件等，有些是私密性较强的，有些是自己的切身认识和感受，即便有辅助工作的工作人员，也无法假手于人。所以领导干部可以不经常写作，但具有一定的写作能力以备不时之需，是很有必要的。

第二章
写作的哲理思考

写作者都希望从“必然王国”迈进“自由王国”。所谓“必然王国”，就是说对写作及其内在规律还没有形成真正的认识，处于被动的状态。所谓“自由王国”，并不是说写作毫不费吹灰之力，而是因为把握了其中的“道”，即写作的内在规律，从而能够摆脱无所适从的盲目性，进入有所创造的自觉写作状态，做到游刃有余，甚至挥洒自如。

那么，写作的“道”在哪里？下一个精准定义怕是很难，然而大道至简，也不是完全没有轨迹可循。要把握这些“道”，关键要透过表象看到本质，透视其中的特点和规律。如果能从哲学层面去审视写作这件事，或许就与“道”相去不远了。

这里并不是要使用艰深晦涩的哲学概念来探讨写作问题，而是把事物放在哲学的范畴中，从哲学的角度来拓展对其认识的深度和广度，更好地把握其本质特征和内在规律。本章着重从六个方面对写作做一些哲学层面的探讨。

一、写作是什么：本体论

哲学上所说的本体论，是关于事物本源的哲学理论。通俗地说，本体论就是世界观的问题，是研究客观事物“本来是什么样”的理论。世界观影响着认识论和方法论。

对于写作而言，本体论就是要探讨“写作是什么”。我个人理解，写作不仅是一种行为，一个产出文章的过程，真正意义上的写作，是以语言文字为媒介，贯穿在人的阅读、思考、交流、表达之中的思维和行为模式。

与之相对应，写作能力是什么？是掌握了解写作通则，在不同场景下，根据具体目的需求有效运用的能力。

如何学习写作？就是通过领悟、总结和转化，把握写作中的深层规律、实用方法和默会知识，进而刻意练习，找到适合自身的切实可行的提升途径。

二、为什么写：目的论

目的论是关于目的的解释，它涉及人的意图、动机。写作目的是回答具体某一篇文章“为什么写”的问题，也就是我们通常所说的“行文意图”。

除了纯粹的文学创作只是为了审美、没有特定目的之外，大部分情况下，领导干部从事写作都有明确的目的，一篇文章的写作目的是具体的，也是单一的，不可能有多个目的要同时达到。但对一篇文章的核心目的的认识和把握却往往不是一次性的，而是渐进的、持续深入的，好像“剥洋葱”一样，需要一层层剥下外壳才能看到内里的真实。

比如说，我们要写一篇给上级希望增加人员编制的请示，一眼看上去，会觉得行文目的无非是达成增加编制的诉求，但仔细想一想，增加编制只是直接目的或者说是中间目的，最终目的则是通过增加编制而推动工作进展、提升工作成效等。

再比如，在大会上就某项专项工作进行动员讲话，浅层的目的无非是通过讲话统一思想、提高认识、明确任务要求等，但这还不是真正的目的。真正的目的要落实到这项工作本身上，到底怎样才能将它完成好，抓出成效，而讲话只是达到这个目的的一个手段。

目的是行文的方向，写每一篇文章，都应该首先搞清楚意图和方向是什么，分清楚目的与手段，避免为了行文而行文。在这里我们不妨用“第一性原理”来说明，这是借用科学研究的一个说法。所谓第一性原理，就是强调探究问题本源，不被以往的经验知识所干扰，以基本事实为依据进行分析和推理思考，然后进行实践验证。

这个原理用到写作上，就是回到事物的原点，想一想写一篇文章是干什么用的，要起到什么作用。如果不把这个弄清楚，在文字里晕头转向、毫无头绪，或者被表层的目的牵着走，纠结于别人怎么说，究其根底还是偏离了出发点。

做事情要有目标导向，写作也是如此。目的不事先想明白、厘清楚，就会南辕北辙，下笔千言、离题万里。一个最朴素的道理——想明白才能写明白。这个“想”就是站在原点上想。干什么用，接受者是谁，要达到什么目的，传达什么意图？从基本的问题出发，为写作画出一个可以创新创造的区间，画出一条通往目的地的轨道。

三、谁在写：主体论与主体间性

哲学上所说的主体，是指对客体有认识和实践能力的人。领导干部写作的主体，就是写作、发布和使用文章的个人或者组织，或者是领导机关，或者是领导集体，或者是领导个人。文章另一端是接受者、执行者，也可能是个人，也可能是单位和群体。

如果领导干部写作的文章是本人使用的，那么撰写者与署名者（即法定作者）就是同一个人。对于领导干部来说，写作和使用文章时，都是明确的主体。而有时候由文秘人员辅助领导干部写作工作的职务作品，如讲话稿，撰写者与署名者是分离的，写作者不是真正的主体，而是连接主体与对象之间的桥梁，是受命将写作主体的意图与受众的意向连接和贯穿起来的纽带。

这种情况下，写作者是在代行主体的角色，包括对主体意图的推测和判定，以及在写作、沟通、修改过程中，持续与主体产生联系，从而产生了哲学上所说的交互主体性，也叫主体间性。主体间性的凸显，其实消解了一元主体，用对话、交互取代了单一主体，从而丰富了主体的内涵。在这种语境当中，写作者某种程度上获得了“类主体”的身份，在遵循真正主体意图的前提下，获得了一定的自由空间。

四、写什么：客体论

从客体论上说，写作的客体就是它所观照和涉及的客观事物、实际工作情况。这里的客观事物，既包括由事实、数据、客观情况等组成的事物纯然的本来面貌，也包括从客观事物中抽象和提炼出来的认识与观点。

写作是客观情况的反映，但反映有真实与虚假之分，有正确与谬误之分，反映得是否到位，还原得是否真实，决定了文章对客观真实的揭示力和解释力，而这又取决于写作者的认识水平和思想深度。所以这种反映的结果是客观实际与写作者主观思维共同的产物。

比如，三个人同样去做一个调查研究，考察的是同一件事，但看到的东西是不一样的。甲只看到了表面的事实，乙则进一步看到了事实背后潜藏的问题，丙除此之外还看到了事物发展变化的趋向。三个人得出的结果都是客观事物的反映，但反映的深浅和反作用于客观事物的效力是不一样的。

要提高认识能力，一方面要靠理论素养和思维能力的提升，另一方面则要紧紧依靠第一手资料。如果把文章比作禾苗，那么第一手情况就是最有养分的土壤。只有掌握大量第一手资料，写作的基础才能扎得深打得牢，观点才能立得住、站得稳，语言才能影响人、打动人，正所谓“涉浅水者得鱼虾，涉深水者得蛟龙”。

然而，严格地说，很多时候领导干部占有的资料都是第二手、第三手甚至不知道经过多少次加工处理过滤过的。下面报上来的情况也好，其他方面提供的素材也好，道听途说的消息也好，每经过一道加工工序，材料的真实性、可靠性都会衰减，对真实情况的了解和把握就会打折扣。写作者最需要了解第一手情况，深入现实，深入生活，深入基层，却偏偏挤不出多少时间进行深入的调查研究，这似乎形成了一个悖论。

可以从两方面入手解决这个问题：一方面，凡是重要文章，特别是一些不熟悉的领域，尽可能进行一些专题性的调研，有针对性地了解一些情况，或者“解剖一下麻雀”，由点及面地把握情况。就算时间再紧张，也应该搞一些短平快的座谈调研，或者电话讨论、访谈交流，听取群众、专家和有关方面的意见。

另一方面，在平常生活中做有心人，多方面、多渠道了解工作开展的实际情况和基层群众的实际感受，哪怕经常跟人多聊天，都是一种调查研究。看到的各方面材料，要注意辨别，提高对材料真伪的识别度，从一大堆纷繁复杂的资料中抓住最有价值的成分，获取接近事实的内容，从而写出有分量的文章。

五、写给谁：对象论

哲学上所说的对象，既包括行为所作用的客观具体事物，也包括客观对象的主观思维内容。也就是说，写作的对象是作为精神活动蕴含和指向的“对象”，每一篇文章都有特定的受众，同时这些受众都有一定的情感特征、需求期待、思维方式、心理习惯、接受特点等，这些共同构成了写作需要把握的对象。

每一篇文章都有其特定受众或者说接受者。会议讲话的受众是全体与会者，汇报的受众是上级单位领导，情况介绍的受众是兄弟单位的同志，批示的对象是呈报部门。所以写作时要牢固树立接受者意识，一定要心里时刻装着受众，揣摩受众的心理，根据受众的接受能力和不同身份来写文章。

如果受众是基层群众，用语就要尽可能生动、形象，通俗易懂，讲道理要深入浅出，多举例子、多摆事实，尽量少用枯燥的数字或者深奥的理论；如果受众是兄弟单位同仁或者上级单位领导，就不适宜大讲道理，或者过于高调地宣扬成绩，同时对于本部门本单位的特色提法、工作要予以一定解释，否则受众会一头雾水；如果受众是学者专家，则要把相关问题的复杂性、艰巨性阐述清楚，不妨使用专业术语，这样有利于受众思考，提出好的意见建议。

此外，不同的情况，不同的场合，写作同样要因事因地因时而异。

按层级分，可以分为对上汇报、对平级交流、对下部署；按关系分，可以是对内或者对外；按文体分，不同文章的格式、写法和用途都不一样；按场合分，比如同样是领导会议讲话，就可以分部署会讲话、动员会讲话、总结会讲话、表彰会讲话、交流会讲话、座谈会讲话、汇报会讲话等若干种，都有差别；按时点分，比如同样作报告，年初、年中和年底又不一样。这些异同，在写作当中，都要从接受者的角度加以把握，写作时一定要站到受众的角度想问题，确保每句话受众都能接受、都能理解。

准确地把握受众需求，是文章成功奏效的重要前提。借用经济学的说法，写与用之间也有一个供给与需求的关系，法定作者与写作者共同作为供给者，与需求者之间形成互动关系。供给要适合需求，才能取得好效果，如果不能满足受众的期待，就需要提高供给的质量。

从某种意义上讲，写作就像制作产品。产品只有适应用户需求、让用户满意才有价值。供给也不能停留在仅仅满足用户需求上，因为受众的需求是分散的、盲目的、潜在的，需要供给方加以整合、激发和引领，这样供需双方才能形成更好的互动。

以领导讲话稿为例，每个稿子都有特定场合和特定对象，起草时应该先明确受文对象，先界定话题范围，不讲与听众无关的题外话，要讲与听众密切相关的题内话。

首先，要明确会议的性质和目的，围绕会议的中心议题来讲，弄清楚会议是动员会议、部署会议、总结会议还是表彰会、庆功会，会议要达到什么目的和效果。其次，要明确参加会议的是哪些人，这些人有什么共性，会议要求这些人做什么，这些人又能做什么，针对他们的责任、心理和愿望来明确主题、搜罗素材、组织语言。最后，还要学会情景假设，假设这样讲听众会作何反应？那样讲听众会有何感想？等等。

总之，要有意识地从听众角度去反观，给写作提供新视角和新思路，更好地将需求管理的理念引入其中，从而使写出的内容与对象需求更加合拍对应。

六、写成什么样：风格论

风格指文章的风韵、格调和特色。在文学艺术领域，作家、艺术家追求风格的独特性，尤其希望在作品中体现自己人格的一些特点。一个人的世界观、价值判断、艺术素养、审美趣味、个人经历、禀赋、气质、学识等都会反映到写作风格中，风格是一个人思想、感情、个性的投射，是艺术魅力的重要元素。所以法国作家布丰有一句名言："风格即人"。

写作者的独特性主要体现在话语方式和表达形式上。一方面，即使表达同样的内容也有与众不同的语言形式，体现鲜明的个性特点，这就形成了风格，其作品统一在一个相对稳定的整体风格中，并具有一定的一致性。比如杜甫的基本风格是沉郁顿挫，这个特点贯穿了他一生创作的始终。

另一方面，风格的稳定性与变化性是一对完整的范畴，稳定性主要指共时性的风格元素构成与呈现形态，变化性主要指历时性的阶段性发展。由于写作者思想的变化、客观现实的变化，其风格也会出现变动性和多样性。同样是杜甫，其不同时期作品在风格上也呈现出差异。风格的形成是一个长期积淀的过程，成熟者才会逐渐形成自己的风格，初学者不会有自己的风格。

当然不见得所有的文本、所有的篇目都能体现鲜明的风格，比如一个简单的通知，一个写作高手和一个初学者来写，也许看不出多少不同。但在更综合、更多元、内容容量更大的写作中，风格同样是客观存在的。

虽然领导干部的大部分写作会受到一些约束，会有内容和形式上的一些表达局限，而不像文学创作那样自由，但一个成熟的写作者在种种约束条件下，同样会形成和有意营造出自己的风格。就好比平面设计，平面构成三大要素是点线面、形式美、基本形，理论上说所有平面设计都逃不出这三要素，但由于创作个体的差异性、独特性，导致每个人的作品都不一样，通常我们说这是他的风格。

往大了说，比如毛泽东、邓小平等伟人，他们亲自撰写或主持起草修改的文章都有着鲜明的风格特点，并且已经成为典范之作。很多善于为文的领导干部也形成了稳定的为人所熟悉的风格，所以有时人们会说“一看稿子，不用问也知道是谁写的”。

写作风格可以从两个方面来理解把握。一方面是客观标准。从总体上说，不同的文体在风格上存在差异，文学作品需要运用各种写作手法，政论文追求理论深度和气势，新闻报道讲究形象和生动。公文则更加规范、庄重、平实、严谨，实实在在把事情说清楚，把道理讲明白，把工作任务和要求阐述到位。

但即便都是公文，不同的文种风格也不一样，比如上行文的请示、平行文的函、下行文的通知，在语言风格上会有细微的差异。作为法定公文的通报，与调研报告这样的实用性公文，在写作风格上也会不同。不同的情形下，公文的风格也有差异。比如同样是会议上的讲话或发言，工作部署会要求严肃认真，交流会希望互动融洽，表彰会追求气氛热烈，研讨会营造思想碰撞的效果，动员会讲求鼓动性和说服力，等等，这对公文的风格也带来了相应的要求。

另一方面是主观差异。这里主要包括两种情形：一是不同使用者的风格不一样，特别是讲话稿这一类的文章，不同领导的风格是大相径庭的。有的喜欢用事例，有的喜欢摆数据，有的激情澎湃，有的平和稳重，有的喜欢做理论阐述，有的喜欢讲故事，还有的喜欢引经据典……风格既具有主观性，也是客观存在的。

二是不同写作者的风格不一样。如前面所说，任何一个相对成熟的写作者，都会有或多或少的风格特点。风格是写作者主观能动性和创造力的空间，好的作品是使用者风格与作者风格交汇融合互动的产物，偏向任何一个方面都是不完整的。

不顾语体特点过分追求写作风格固然是不合适的，但如果写作者完全放弃了自己的风格追求，没有一点创造性，中规中矩，四平八稳，甚至变成充满空话套话大话假话等陈词滥调的官样文章，那就毫无风格可言。

第三章
写作的学习方法

写作是门槛不高的技艺，所有具有识字能力的人都可以写；写作也是最难的一门技艺，即便是受过高等教育的人，也未必就能有好的写作能力。拥有精湛写作能力的人，大多是通过大量阅读和训练、依靠自己的悟性来洞察写作奥秘的，一旦学会“写作之道”，往往就能驾驭各种文体、应对所有场景。学习写作，重要的是掌握正确的方法。不得其法，会事倍功半，掌握了方法，就能循序渐进，不断精进，更快地登堂入室。

一、学习写作的五条原则

总的来说，学习写作有几条值得遵循的基本原则。

1. 参照学习

参照就是模仿、借鉴，就是学人所长，为我所用，但绝不是抄袭剽袭，二者有本质的区别。就像小学生学书法，先从描红开始，再临摹，最后再自我创作。

初学写作者完全可以从模仿好的范文开始，从借鉴别人好的写法开始，从学习身边写作能力强的人开始，学习优秀写作者的构思、文字、语法和遣词造句等。如果做一个有心人，善于留心观察，一定会发现身边有很多值得自己学习借鉴的地方。

比如，有的人喜欢在正式写作前拟定清晰的提纲，有的人善于用数字或者故事来代替冗长累赘的内容陈述，有的人习惯用金字塔原理来找出重点等，把别人好的东西吸收消化，逐步内化为自己的营养，写作能力就在无形之中不断增长，经历一个从量变到质变的过程，到了一定的时候就会越过临界点，进入完全不同的境界。

2. 循序渐进

做什么事情都需要经历一个由浅入深、由易到难的过程，写作也不例外。先从简单的文体、熟悉的领域开始，积累经验之后，再逐步转向复杂的、陌生的写作内容，这是一个正确的学习方法和路径，不仅能实现经验能力的梯次提升，也能增强对写作的信心。

初学者不要想一口吃成个胖子，一步一个脚印，会走得更稳。真正的能力进阶，都不是速成的，武侠小说中经常有某个人吃下一颗仙丹就功力大进的故事，在现实的学习领域，这样一夜成功的奇迹是不存在的，有的只是点滴积累与持续精进，有的只是积跬步以至千里。

熟语说："种豆得豆，种瓜得瓜。"这告诉我们，做出什么样的努力，就会收获什么样的结果。写作能力的提高不是一蹴而就的，而是一个由量变到质变的过程。懂得了这一点，并不会打消学习写作的热情，而是能树立正确的心态。

3. 正反对照

对于学习写作来说，除了要知道"应该这样写"的道理，还应该知道"不要这样写"的道理，正面指引与"负面清单"相结合，能让人体会更深，对写作的注意事项包括一些细微之处把握得更到位。

鲁迅先生在《不应该那么写》中说道，不应该那么写这一面，恐怕最好是从那同一作品的未定稿去学习。对大多数人来讲，这也是很有益处的学习方法。但这样的教材和读物少之又少，如果有机会，能看到经领导和同事反复修改的草稿，比直接看范文、看干干净净的定稿，受益更多，提高得更快。

4. 把握要点

不同的写作形式，都有它的核心和要点，抓住要点就好比抓住了“牛鼻子”，能够提高学习的效率。比如，文学写作重点在于人物、情节和意象，学术文章重点在于假设和论证，自媒体文章重点在于话题性和标题制作，PPT 则在于文字与图片的配合，等等。本书提炼了写作当中立意、主题、结构、内容、语言、文气等六个方面的核心要素，归纳了写作的七个步骤，梳理了若干种使用方法技巧，这些都是值得重视的要点。

5. 刻意练习

写作是实践出真知的技能，上再多课，看再多书，学再多理论方法，自己不去写，永远学不会。无论是模仿他人，还是自我揣摩，都需要大量地刻意练习，在练习中把体会沉淀为自己的认识，把方法转化为自己的技能，形成不断精进的正向循环。

除了工作上的反复练习之外，在日常工作中，也应该抓紧每一个机会去运用这些技巧，写邮件，写短信，写报告，甚至在微信上发一个长信息，都可以视作一种实践的练习，养成写作的习惯。只要是写作，不管是写什么，都有相似的技巧。在哪里学到技巧不重要，重要的是能举一反三、活学活用。当能够将同一种技巧延展运用在其他领域，实现经验的迁移，可以说就真正学会写作了。

二、学习写作的八种方法

写作能力水平的提高不是一朝一夕的，并没有什么灵丹妙药可以一夜成才，但是，还是有一些能够提高学习效率的方法，可以帮助大家在学习成长时少走一些弯路。学习掌握这些方法，有助于逐步成长为比较成熟的写作者。

1. 由浅入深

这是前面所说的循序渐进原则的运用。任何事物都有一个由量变到质变的过程，学习写作也不可能一蹴而就。正确的态度和策略应该是由易到难，慢慢积累，逐步实现由不会写到会写的转变。

具体来说有这样几种路径：第一，先从内容单一、结构简单、篇幅短小的文体学起，可以先从写消息、通知、公告等入手，逐步向工作意见、工作规划、工作汇报等相对复杂的文体拓展。

第二，可以先从相对规范性较强、模式化程度较高的文体学起，比如办法、规定、条例等文种，逐步向领导讲话、调查报告、经验材料等非规范化、非模式化的文体拓展，进而向理论文章、文学创作等需要理论功底和创造力的文体迈进。前几种便于借鉴成例，后面几种综合性较强，更加难以把握一些。

第三，可以先从自己熟悉的领域写起，等熟悉了写作的要求和风格之后，逐步向其他领域拓展，实现经验的迁移和拓展。这样可以发挥自己知识和业务方面的优势，避免陷入“巧妇难为无米之炊”的窘境。要是一开始就涉足陌生领域，即使搜肠刮肚，也会无话可说，不仅于学习无益，而且可能会动摇学习写作的信心。

2. 由摹到写

我们看小学生学写毛笔字，一般从临摹字帖开始，先把基础打牢，由摹到临再到写。初学写作的人，也可以找范文来套写和模仿，在模仿中掌握要点，摸索方法。模仿多了，就会逐步掌握一些写作的基本规律，然后可以扔掉“拐棍”，自己行走了。

但是，套写和模仿并非一用就灵，而是有它的适用范围。一般来说，主要适用于三种情况：一是适用于相对简单和模式化程度较高的文体。如起草一个会议通知，往往就可以找一个原有的通知来套写，因为只要把会议时间、地点、期限、内容和参加人员、注意事项交代清楚就可以了，一般没有更多、更复杂、更深层次的内容。二是适用于相同的文体。比如写工作总结就照着工作总结的模板来模仿，如果找一个调研报告来模仿，路子就不对。三是适用于相同或相近内容的文章。因为很多工作有它的专业性，内在规律和原理差异较大，不能一味生搬硬套。比如，写党建工作与写财务工作的材料，一个侧重定性，一个侧重定量，就不太适合直接套用。

我们要区分的是，在写作时，有些内容是不能创造的，特别是对上级的大政方针、主要精神、根本原则、规范性提法，以及一些对形势的判断等，必须紧跟上级精神。有些是通过模仿来进行学习的，通常情况下主要着眼于构思、结构，有时也借鉴套用文中的一些观点、素材和语言。

需要明白一点，套用模仿只能作为初学者的入门之道或特殊情况下的应急写作。一个立志在写作上长出息、有作为的人，需要练就一手构思写作的真本领、硬功夫，不能总是套用和模仿。而且套用和模仿，绝不是将别人的内容原封不动拿来用，而是要在这个过程借鉴、仿写、总结和提升。具体来说，有以下几个方面需要注意。

第一，坚持学习借鉴，模仿创新。可以学习别人的选题立意，借鉴谋篇布局，模仿行文风格，然后创新形成自己的写作方法，绝不能奉行简单的复制粘贴，照搬照用，全盘抄袭。借用鲁迅先生的话说，就是文体可采用张三的形式，结构可融汇李四的骨架，内容可涉及王五的涵盖，语言可借鉴赵六的精彩，然后进行优化组合，进行创新创造，做到参考要广泛，引用不单一，模仿看不见。

第二，做到相互结合，有效转化。具体说，就是上级精神地方化、外地经验本土化、过去的东西时尚化。学习借鉴上级的精神要结合本地本部门的实际，学习别人的经验与自身情况转化融合，学习之前的材料要与当前的新形势、新提法、新理念相结合，归纳起来就是上下结合，内外结合，古今结合。

第三，努力拓宽思路，融会贯通。清代学者袁枚说："蚕食桑而所吐丝者丝也，非桑也；蜂采花而所酿蜜者蜜也，非花也。"这说明经历了一个变化的过程。写文章也是如此。学人优长，为我所用，通过学习借鉴别人的，改造形成自己的。

很多文章内容不同，但格式相通；很多事情做法不同，但道理相通。通过广泛学习，触发灵感，启迪思路，就会让思路豁然开朗。融会贯通的关键是"融"，就是结合、综合、糅和、耦合，吸收别人的思想精华，因时因事因地而变。能参考更多的文章，然后触类旁通，再来创新一篇文章，那就是高水平。

3. 由熟而巧

俗话说："一回生，两回熟。"就写作而言，由生而熟、由熟而巧的媒介和桥梁就是多写多练。写作的规律，只有在多写多练中才能不断加深认识；写作的能力，只有在多写多练中才能逐步提高。正所谓“纸上得来终觉浅，绝知此事要躬行”，不通过多写多练的长期积累，写作理论懂得再多也无济于事。

但是，多写多练并不是一个单纯的数量问题，必须把数量和质量效果统一起来，每写一篇都要有相应的收获和长进。为此，要注意四点：一要有计划地练，不要盲目地练。对先练什么文体、后练什么文体，什么时候练什么文体，要有安排、有路数，不能随心所欲。二要集中地练，不要分散地练。采取各个击破的策略，在一定时期相对集中地练习一两种文体，力求在较短时间内实现突破，然后再转入新的文体，这比同时交叉、分散地练习多种文体效果会好。三要思考着练，不要无所用心地练。每篇文章，从立意到结构，从选材到语言，都要认真思考，反复斟酌，力求最佳，不能胡乱挥洒，潦草从事。四要有目标地练，不要单纯地为练而练。比如，信息类、经验类、调研类的材料，可以把目标定在投稿发表上，这目标本身就是一种压力和动力。文章一旦被选用，会进一步激发学习热情。这比漫无目的的练习，效果往往会好得多。

通过反复练习，逐步掌握了写作的基本方法、套路和常用技巧，再通过日积月累的反复练习，进一步熟悉了个中门道，积累了丰富经验，进而达到闲庭信步的境界。

4. 由改到精

学习写作，修改是必不可少的。正所谓，好文章是改出来的。一稿就通过、一稿就成为精品的文章不是没有，但为数极少，多数文章要经过反复修改、不同环节修改才能成功。

写完一篇文章的初稿后，并不代表就完成了，这只是修改环节的开始。那么第一个问题是：改什么？如果用一句话概括，就是构成一篇文章的所有要素都在修改的范围之内，包括内容、结构、观点、素材、文字、格式等。具体怎么改？方法大致有三种：一是静思默改法。就是初稿写成后，自己平心静气地坐下来，让整个文章从头至尾、从大到小在头脑中过过电影，细细品味，从中发现毛病。二是边读边改法。就是对写成的文章，从头至尾读上一遍甚至几遍，边读边思考，边读边修改。这对发现不妥当的词、不通顺的句子极其有效。三是冷却修改法。就是把写成的文章先放一放，自己先读一些有关的文章，翻一些相关的资料，开阔一下思路，冷静一下头脑，然后回过头来再进行思考和修改。这样，即使比较成熟的文章，也会发现毛病。

5. 由人推己

运用正反对照的原则，在学习中比较与参照，知好坏、见优劣，取人之长，补己之短，是学习写作的有效方法。

第一步，立意谋篇，方法是看两篇写一篇。比如，要写一篇关于人事工作的文章，写作之前可以先找两篇文章。第一篇是自己的文章，解决“形似”的问题，就是文章结构、语言风格要保持一致。第二篇，要找上级领导机关相关主题的文章，解决“神似”的问题，就是文章最基本的内容、方向要准。找出这两篇文章，通过学习和模仿，之后写出来的文章，最起码在结构上、内容上不会出现大的偏差。

第二步，内容构思，方法是换位思考。要从领导者和接受者两个方面去思考和把握，概括起来有以下几个方面：一是作为领导者的职务身份，他关注和强调什么？他代表组织应该表达什么？二是接受者希望获取什么？受众的期待是具体的，或是答疑解惑，或是肯定表扬，或是明确思路等，应该将这些需求反映在其中。三是领导者本人希望传递什么？每个人都有一贯的思路、风格，都有近期关注的重点、强调的要点等，应该加以考虑。四是上级希望了解什么？每项工作都应该按照上级领导机关的部署和要求开展，科学传递上级的要求也是题中应有之义。通过多角度的思考，对文章的主体内容有较为充分的把握。

第三步，写作成文，方法是“转益多师”。在写作过程中，要想办法进行比较和参照学习。拿自己的文章同别人撰写的相同主题、相同体裁的文章进行比较，特别是多看一下大家公认比较成熟的写作者，看一看人家高明在什么地方、为什么高明，自己的差距在哪里，为什么有这样的差距，思考一下怎样学习人家的长处，弥补自己的短处。找一些不同人起草的主题和体裁相同的文章进行比较，看一看各有什么特色和长短，找出哪些是可供自己学习借鉴的，哪些是自己应该注意避免的，以博采众家之长。

6. 由内而外

在学习写作的过程中，常常会遇到一些百思不得其解的问题或苦苦探索解不开的疙瘩，这时，如果有人帮助捅破这层窗户纸，就会产生一种豁然开朗的感觉。所以，苦思苦练是重要的，虚心请教也是不可缺少的。

第一，带着问题求解。“独学而无友，则孤陋而寡闻。”写文章不与他人切磋交流，往往会陷入见识狭窄的困境。向他人学习实际上是最难得的提升自己的机会。在学习写作的过程中，遇到什么想不明白的事情或解决不了的矛盾，要主动向高手请教。有的时候，高手的几句话就可以点拨清楚，受到深刻的启发。正所谓“听君一席话，胜读十年书”，千万不要把自己封闭起来。

第二，带着文章求改。自己写了文章以后，要多请高手帮助修改。有的时候，人家改动几句关键的话，可以使文章上一个档次；提出几条修改意见，可以使你受益匪浅，甚至受益终身。

第三，向书本求知。书本是知识的载体，是无言的老师。经常读书，会大有好处，有些文章甚至会使你眼前一亮、茅塞顿开。有的书看似与写作没有直接关系，如文史哲、法律、经济理论、社会科学等，多读多看能增强一个人的文化底蕴和理论修养，对写作也大有裨益。

7. 由众得智

在党政机关、人民团体和企事业单位，有时重要文章并不只交给一人起草，而是成立一个写作班子集体起草。如果能够主持写作或参与其中，则是学习写作的好机会。所以但凡有这样的机会，就要积极主动地参与。

一要参与正式起草前的集体讨论。这时的讨论一般侧重于研究写作背景、弄清意图、确定主题、理顺思路、搭起框架、选好角度。参加这样的讨论，对于开阔眼界、拓宽思路、提高构思文章的能力和水平极有好处。二要参与文章的写作。一般来说，集体讨论中明确了文章的思路和框架以后，就要分块来写，然后由一人主笔，把分写的各部分串联在一起，组合成一篇文章。在这一过程中，要有针对性地学习和提高。三要参与集体修改。初稿写成后，往往还要集体讨论修改，有时一个稿子要讨论修改若干次。这也是一个极好的学习机会，它既有助于提高发现问题的能力，又有助于提高解决问题的能力；既有助于丰富知识，又有助于活跃思维。

8. 由繁入简

任何事物的发展变化都有其自身的规律，写作也是如此。只有掌握了这些规律，写起来才能得心应手，至少可以做到写什么像什么。大道至简，有用的规律往往是简单的，但需要思考和总结才能找到它们。

要真正掌握这些规律，就要勤于实践，勤于总结。应该养成一种习惯，每写完一篇重要文章，都要回顾检视一番，做一次复盘，还要经常把一些相同体裁的文章收集起来进行集中研究和总结。只有不断研究，孜孜以求，才能逐步把感性认识上升到理性认识，透过现象看到本质，从繁杂的表象中抽象提炼出内在的本质规律，实现由繁到简的跨越。

研究和总结的方法有几种：一是从自己的成功之处总结。每次成功都绝非偶然，一定有其原因，有做得特别好的时候不要放过，要认真复盘总结经验，自觉找出规律，这样不仅能树立自信，还能找到成功的方法，有利于今后写作水平不断提升。二是从自身的失败之处总结。失败是成功之母，聪明的人不会犯两次同样的错误，关键是要善于接受失败教训。总结失败，目的是引以为戒，下不为例，少走弯路。三是从别人的成败中总结。总结自己的成败是主要方面，但仅局限于总结个人成败是不够的，还必须善于总结他人的经验与教训，开阔自己的视野，“悟”出真知，不断深化对写作的规律性认识。

第四章
好文章的标准

了解了学习写作的方法之后，开始正式写作，我们会面临一个用什么样的标准来衡量文章优劣的问题。这里包括两个方面：一是在选择学习模范对象时，所谓“取法乎上仅得乎中”，当然要选择值得参考借鉴的范本；二是自己写出来的文章，又该用什么样的标准来评判好坏。本章从四个方面来加以解析。

一、情感的角度：修辞立诚

中国文化特别重视一个“诚”字。《中庸》说：“诚者，物之终始，不诚无物。是故君子诚之为贵。”真诚是一杆标尺，可以用于衡量为人处世著文是否做到了真心诚意，是否达到了真实无妄。

写作，要牢记一个“诚”字，做到诚以立身，修辞立诚。

首先，对写作本身要有诚意。不管是主动还是被动从事写作，都应该用一颗诚心去对待，真诚发现写作中的精彩。如果内心非常排斥，一提到写作就头疼烦躁，只是为了完成任务或交差，带着应付态度，写作就会变成一种苦役。或者这儿摘摘，那儿抄抄，草草了事，以这种毫无诚意的态度写出来的文章，其质量可想而知，不过是在制造文字垃圾。

其次，对自己的文字要有诚意。《大学》里讲：“所谓诚其意者，毋自欺也。”文字本身从来不会欺骗人，只有人会欺骗人。然而，欺骗别人的人首先欺骗的总是他自己。《易·乾·文言》中说："修辞立其诚"，意思是指写文章应表现出作者的真实意图和真情实感。这向来被视为写文章的一大信条和准则。

正如孙犁所说，把修辞和诚意联系起来，是古人深思熟虑，得出的独特见解。通常，一谈到修辞，就是指语言简洁、漂亮，多变化等等，其实不得要领。修辞的目的，是立诚；立诚然后辞修，这是语言文字的辩证法。语言，在日常生活中，以及表现在文字上，如果是真诚感情的流露，不用修辞，就能有感人的力量。

真正好的文字是平淡质实的，明白如话，冲淡隽永，不事雕琢，它只是还原作者看到和想到的事物。也就是说，从看到、想到事物，到最终写成文字，整个过程中，唯一参与加工的是作者本人的阅历和智识，而不是作者的文字技巧。于是呈现出来的就是：事物包含在文字里，而作者的创造性和洞察力包含在事物里。某种程度上，这也体现了作者足够的自信，他明白自己要写的东西本身就具备足够的力量，任何多余的处理都是画蛇添足。

但是，并不是人人一开始都明白这个道理，也不是人人都有同样的审美取向，恰恰相反，很多人一开始写文章往往追求华辞丽藻，恨不得把好词都用上，过于用心在文字上雕琢，以及形式上的修饰，而不太注重文章的思想与内容，因而显得浮华空洞。

这是很多"文学青年"的通病，由于智识与阅历不足，所以靠情绪表达和形式美化来弥补。其中一部分人的文风会随着年岁增长、阅历加深而转变，正所谓"庾信文章老更成"。可也有人一直保持不变。而这种文风却得到不少人的喜欢，觉得这样漂亮的"美文"才是好文章。由于质朴平淡的文笔大多是直接呈现思想和智识，少形式、去修辞，所以很容易让人觉得没有文采。很多读者不明白，修饰的本质是不得已而为之，需要用到修饰，说明文章自身的力量不足。

所以在写作时，要讲心里事，写心里话，把自己真实的观察和感受、认识和理解写进去，把自己真实的所见、所思、所感、所悟放入其中。只有充满真情实意的文字，才能引起受众的共鸣。任何虚情假意、矫揉造作的文字，组成的只能是空话、假话、套话，总是被人一眼识破，并心生厌恶。

当然，写心里话并不是不论对错，想怎么写就怎么写，而是要以不断提高自己的理论水平、认识水平、思维水平等为前提。随着个人综合能力的不断提升，心里话的分量才会越来越重。而且完全讲真话、讲心里话在现实中也或多或少有一些制约，效果也不一定都好，这种时候应该有一条底线，那就是：真话可以不全说，但至少不能说假话。

二、思考的角度：深入浅出

文章既要有一定的思想性和理论性，又要做到明白晓畅，通俗易懂，这样的深入浅出是高水平的体现，不仅要有深厚的思想内涵，还要善于使用平易浅显的语言将它们表达出来。这比深入深出、浅入浅出、浅入深出都要难，却是应该追求的境界。

有人以为，有思想内涵、有理论深度的文章难免要艰深一点，如果一味追求平易，是不是就达不到深度上的要求了？其实不是这样。有句话说，“是真佛只说家常话”。真正懂得了深奥道理的人，往往都会用浅显易懂的方式来讲解。比如，大家看《毛泽东选集》《邓小平文选》中的文章，无不具有这样的特点。

能够做到深入浅出，前提是对深奥的道理理解得很透彻，能把复杂的事物、艰深的理论用生活化的语言讲明白。好的交流不是让人迷惑，更不是为了显示自己水平有多高，而是要让对方有效地接收到传递的信息，理解其意图和内容。

写作者即便博古通今、思想深刻，如果对方听不懂、听不进去，那也达不到效果。因为，写作的目的就是让对方明白或者受益，那就要做到没有官腔，不端架子，明白晓畅，深入浅出，让听者入耳入心。所以说好家常，不只是一种技术要领，也是一种素质要求。

有一点要特别注意的是，要把浅显易懂与空话、套话、程式化的表达方式区别开来。浅显易懂的方式，应该同时是清新、灵动的，或者说，因为清新、灵动，所以是浅显易懂的。

那些真正好的流传下来的文章，都是通俗易懂从而深入人心的。比如，《毛泽东选集》中的很多文章就是这样的，到现在读起来还有一种鲜活的感觉。毛泽东一直提倡写文章、作报告要通俗易懂，反对板起面孔，用一些抽象的公式，把普通的道理讲得艰涩难懂。

《毛泽东选集》中那一篇篇写得那么生动，就是因为毛泽东在革命中长期深入基层、深入群众，与群众打成一片，用群众语言说话，写出的文章自然没了官腔，多了地气，显得生动形象，容易被受众理解。

三、表达的角度：文从字顺

写作的语言表述讲究准确、规范、严谨、平实，做到文从字顺、庄重严谨、精准简明。

准确明白是写作的基本境界，也是起码要求。准确，既指内容上素材真实、数据准确、议论恰如其分，也指在态度和效果上，符合实际，认识准确到位，分析客观科学，想法切实可行。

具体到文字表达上，少用或不用绝对性、夸张性的词语，避免过于笼统或模棱两可，避免出现歧义，避免口语化或过于专业化，把要说的事、要讲的理说准确、讲明白，做到条理清楚、语言顺畅，让人一看就懂。涉及人名、地名、时间、数字、段落顺序、引文等必须准确无误。文字、数字、计量单位甚至标点符号的用法都必须准确规范。

语言的运用中还要注意做到十个“不写”，即不写正确的废话（不照搬照抄）；不写违背政治原则的话（慎用敏感话题、敏感事例）；不写没有根据的话（不听不信“参考消息”）；不写极端的话（指过头的话、明显跑偏的话）；不写没有时代感的话（指陈旧过气的老观点）；不写装腔作势的话（大而空，言之无物）；不写模棱两可的话（观点模糊，不知所云）；不写断章取义的话（指寻章摘句，把本来的意思弄丢了）；不写脱离文体语境的话（指把新闻写成了小说，或把公文写成了散文）；不写没有思想内涵的话（指“以其昏昏，使人昭昭”）。

对于汉语大量的意义相同或相近的词语，应在词语的细微差别和感情色彩上仔细推敲。比如，常见的易混淆词，“以致”和“以至”、“截至”和“截止”、“权利”和“权力”、“记录”和“纪录”、“法治”和“法制”、“爆发”和“暴发”、“备受”和“倍受”、“反映”和“反应”、“界限”和“界线”等。新华社曾经下发专门的易错词、易错表述规范，可以找来学习。

一些词语的使用应遵从习惯用法。比如，“实施”“施行”意思基本相同，但“本规定自发布之日起 ××”就多用“施行”，而“各单位据此规定制订 ×× 细则”则多用“实施”。又如，《关于派员赴美国参加

×××项目技术交流的请示》中的“赴”，如用“去”或“到”代替，其中的庄重典雅味道则明显弱化。

除了非虚构写作和小说等文学体裁外，大部分文体中，需要运用规范的书面语，少用或不用口语、俗语。如，“经开挖发现，管道腐蚀厉害，需要换掉”。这里的“开挖”“换掉”应该分别用“挖掘”“更换”。又如，“施工周期正赶上汛期，务必要加强巡检，及时发现并消除安全隐患”。这里的“正赶上”应该改为“正值”。

正确使用专用词汇，如“免职”“撤职”“罢免”“停职”四个词，有着本质的不同。“免职”只是免去原有职务，除对违反规定的人员进行处理时用到这一词语之外，正常的职务调整、到龄退休等也会用到这一词语。“撤职”则确定是一种惩罚性行为，表明被撤职人员具有违法违纪违规等过错。“罢免”是相对选举产生而言的免职方式。“停职”则指暂时停止现有职务，接受调查或者审查。

“原”与机构名称连用时要弄准。如果机构已经不存在，则“原”在机构之前。如“原化工部副部长×××离世……”，因“化工部”这一机构已撤销。如果机构依然存在，只是人的职务是前任，则“原”在职务之前。如“××省人大常委会原副主任×××到××单位考察”，因“××省人大常委会”这个机构一直存在，只是×××同志后来不再担任副主任职务，所以这样表述。

避免词义用反、用偏、重复。如“公司这一政策的出台在广大干部员工中引起了热烈反响，周边很多企业员工纷纷投来了趋之若鹜的眼光。”“趋之若鹜”是贬义，用在此处不合适。如“消灭形式主义官僚主义，迫不及待”。此处的“迫不及待”用“刻不容缓”更合适，因为前者常常指人，后者才是指情势。如“公司已经三令五申地强调必须全力以赴抓好安全环保生产”。“三令五申”本身就是强调的意思，句中的“强调”属于多余。

避免副词误用或缺失。如“做研究应保持严谨的态度，哪怕是略微的毛病也不应错过”。“毛病”是名词，“略微”是副词，不能做定语，应该改为形容词“细小”。如“这一活动推广到全公司，并不断赋予新的内涵”，“赋予”前少了一个“被”字。

规范使用数字、字母、数量单位。如在百分数的表述上，“%”与“百分点”都表示变化率，但前者是先减法后除法的计算所得，后者是只需减法一步操作即可。如果 2019 年某种产品产量为 100 吨，2020 年为 200 吨，可以说 2020 年该产品产量同比增加 100%；如果 2019 年某种产品收率为 5%，2020 年收率为 10%，则要说 2020 年该产品收率同比增长 5 个百分点。

在表示倍数关系时，要根据是否包含原数，分清“增加 / 减少到”“增加 / 减少了”两种表述根本上的不同。比如，某种产品 2019 年产量为 100 吨，2020 年为 400 吨，则我们可以说：“该产品 2020 年产量是 2019 年的 4 倍”“该产品 2020 年产量比 2019 年多 3 倍”。

正文中公历纪年的世纪、年代、年、月、日，表示时间的时、分、秒等一般要用阿拉伯数字。如“该装置二〇一八年八月开工建设”“某装置十五点二十八分发生蒸汽泄漏事件”，正确表述分别是“2018 年 8 月”“15 点 28 分”。

表示数字区间时，数字后的单位不能轻易省略。如“该油田每年可产原油 1800~2000 万吨”。“1800”后应该有一个漏掉的“万”。

计量单位应使用国家法定的计量单位。如“炼油厂区到乙烯厂区有 30 多里”中的“里”应用“千米”计量。又如，“气温高达 60 多度”中的“度”应明确是否就是“摄氏度”，因为严格来说除了摄氏度，还有开氏温度、华氏温度等。

有关单位的字母大小写要准确。如“酸值 pH”的“p”应是小写，大写就错了。“催化汽油吸附脱硫装置 S-Zorb”的英文名称中的大小写也要严格区分清楚。

避免省掉必要内容。如“中共中央政治局委员、× × 省委书记到公司调研”一句中作为高阶职务的“中共中央政治局委员”就不能省掉。又如，对外行文中不能直接写“省委省政府”，前应加上省的全称或规范的简称，以明确是哪一个省。

避免句式杂糅，注意使用规范。如“本着……为原则”应为“本着……原则”或“以……为原则”“是为了……目的”应为“以……为目的”或“为了……”“对于……问题上”应为“对于……问题”或“在……问题上”“原因是……造成的”应为“原因是……”或“是由……造成的”“是因为……的原因”应为“是因为……”或“……是原因”。

还要正确使用标点符号。双引号之间、书名号之间不用顿号。表示文件试行的括弧应在书名之后，如《× × 公司动设备管理办法》（试行），应为《× × 公司动设备管理办法（试行）》。表示文号时，《关于开展 × × × 活动的通知（× ×〔2020〕54 号）》，应为《关于开展 × × × 活动的通知》（× ×〔2020〕54 号）。表示事件时，应为“5 · 12”事件而不是“5 · 12 事件”。

四、接受的角度：喜闻乐见

每一篇文章都是面向特定受众的，从接受的角度来说，应该让受众觉得易于接受，喜闻乐见，减少阅读障碍，提高受众的获得感。

这就要求，文章体现的思想情感要符合受众的惯常心理和情绪，内容契合受众的接受程度，表达方式符合受众的接受习惯，对于特定受众对象，还要考虑他们的兴趣、偏好以及特定的信息需求，这样才能形成有效的、有诚意的沟通。

有些文章往往有它特定的接受者，特定对象的需求和心理模式，也是要加以把握的。在写作不同的文体时，心里一定要装着受众，根据他们的接受能力和心理需求来写。总之，要到什么山上唱什么歌，“看人下菜”，否则就成了“对牛弹琴”。

第五章
写作的基本要求

把握了好文章的标准，那么如何才能做到呢？本书提出坚持一个原则、抓住三个要点和把握四个特性的基本要求。

一、坚持一个原则

这个原则就是量体裁衣。根据特定的文章体裁，采用正确的写法，针对具体的情形，把握写作的特点。写作不是千篇一律的，要有针对性，具体情况具体分析，符合具体的文体特点，符合特定的情境和需求。

每一种文章体裁都有它的不同特点、不同风格、不同写法，同一种体裁内的不同文种，如文学中的诗歌与小说，新闻中的消息与特写，也各不一样，每一个文种都有它的适用范围，也有各自的文种特点、语言特点、结构特点。这些都是要准确把握和运用的。我们结合领导干部工作最常用的公文，来看几种常见的法定公文文种。

决定。决定适用于对重要事项或者重大行动作出决策和部署、奖惩有关单位及人员、变更或者撤销下级机关不适当的决定事项。在文种特点上，决定是下行文，具有权威性、重要性和强制性。在语言特点上，用语严谨，要求明确，行文严肃，语气果断，语言简练，多使用陈述句和祈使句。在结构特点上，一般先说缘由（依据），再说决定事项，平行罗列，最后说工作要求。

意见。意见适用于对重要问题提出见解和处理办法。在文种特点上，可以是下行文，也可以是平行文或上行文，具有灵活性、针对性、指导性和原则性，带有指导、宣传、引导、说明、阐释意见等方面的作用。在语言特点上，较多地使用说明的表达方式，说理简明扼要，不展开论述，语气相对缓和，不使用命令性的强制语气。在结构特点上，开头概括说明缘由、目的，主体结构安排上，先写总体要求、指导思想、主要目标，后写具体指导意见、措施要求。结尾简单提出执行要求，但一般不作强制性规定。

通知。通知适用于发布、传达要求下级机关执行和有关单位周知或者执行的事项，批转、转发公文。在文种特点上，通知是下行文，适用范围广、使用频率高、行文灵活。在语言特点上，要求明确，范围清晰，语句简练，态度坚决，便于准确理解和执行。在结构特点上，开头简要说明通知缘由，正文主体对通知事项进行部署安排，结尾视情况提出工作要求。

报告。报告适用于向上级机关汇报工作、反映情况，回复上级机关的询问。在文种特点上，报告用于上行文，具有汇报性、陈述性、单向性。在语言特点上，报告语言要体现出组织观念，真诚地尊重上级，反映情况、陈述意见、提出请求等都要实实在在，语气平和、肯定，不使用请求的口吻和语气。在结构特点上，正文主体前，先概括说明诸如工作背景、过程、总成绩以及所报告内容的总评价等，然后在正文主体进行分述，即将报告的内容有条理、分层次或分条列项逐一加以具体叙述说明。

请示。请示适用于向上级机关请求指示、批准。在文种特点上，也是上行文，具有请求性、回复性、先行性、单一性。在语言特点上，请示用语要谦恭、恳切，以示对上级的尊敬和对所请示事项、解决问题的急切心情，理由陈述充分，提出的解决方案应具体，切实可行，层次表述清晰，无逻辑错误。在结构特点上，请示缘由 + 请示事项 + 结束语，主体主要说明请求事项，具体、明确、条项清楚，只宜请求一件事。结束语一般用“请予批复”。

批复。批复适用于答复下级机关请示事项。在文种特点上，批复是下行文，具有被动性、针对性、指导性和简要性。在语言特点上，态度明朗，语气肯定，所提要求清晰明确简洁，体现上级行文的权威性与约束力。在结构特点上，先说批复根据，包括来文标题、文号等；再说批复内容，针对请示中提出的问题所作的答复；最后是工作要求，包括做好哪些工作、注意事项等。

函。函适用于不相隶属机关之间商洽工作、询问和答复问题、请求批准和答复审批事项。在文种特点上，函是平行文，具有往复性和简便性。在语言特点上，开门见山，直叙其事，措辞得体，语气平和、礼貌、恳切，简明扼要，一文一事。在结构特点上，开头说明发函的缘由、根据，主体作为函的核心部分，主要说明致函事项，有的结尾用礼貌性语言向对方提出希望或请对方协助解决某一问题，或请对方及时复函。

纪要。纪要适用于记载会议主要情况和议定事项。在文种特点上，纪要可上报，可下发，也可用于互通情况，具有概要性、决议性、备查性。在语言特点上，要求准确、严谨、规范，概括全貌，忠实原意，归纳提炼，明确简洁。在结构特点上，一般由三部分组成，开头写会议概况和基本要素，主体主要是议定的事项，逐项或逐条记录。一般会议纪要不写结尾。

除了把握各种文种的要求，在具体一篇文章的写作上，还要根据具体情形、特征和要素来确定相应的写作思路和写法，做到为时而作、为事而作，贴近需求，量体裁衣。

领导干部使用的公文多是职务作品，在很大程度上，不是取决于个人的主观想法，而是取决于具体公文的内在要求和行文意图。根据用途和目的不同，对象和场合不同，文体特征不同，写作的要求和技法也不同。

比如，起草领导讲话稿，要适当活脱些，文字可以口语化一点；起草决定、决议、通知类文稿，必须严谨，用书面语；如果是工作总结，则与经验材料性质类似，但前者要细，后者要精，等等。

使用人的职责身份不同，在写作上也要有所区别。比如，现在中央在党建方面要求“党政同责、一岗双责”，对于党政分设的国有企业而言，党委书记和总经理都要强调抓党建，就要体现不同职责的不同特点。党委书记讲党建侧重于贯彻落实党中央的指示和要求，部署党建工作要更加全面，政治站位要高，内容要全覆盖。总经理讲党建则侧重于围绕生产经营等中心工作，落实“一岗双责”，发挥党建对企业发展的促进作用。

二、抓住三个要点

写作一篇好文章，需要把握好三个要点，那就是：想清楚、说明白、有特色。

1. 想清楚

写作的立意和构思是第一位的，技巧是第二位的。在动笔之前，先要想清楚，多问自己几个为什么。

为什么要写这篇文章？写了要给谁看？是为了解决什么问题？问题的原因在哪里？重点、难点、焦点在哪里？如何去解决问题？有什么办法和措施？这些办法和措施有没有可操作性？……把这些问题都研究清楚，文章的立意也就准确了，主题也就明确了，重点也就突出了，观点也就清楚了，就不会出现不知道要写什么、不知道在说什么的困惑。

只有作者想清楚了，受众才能看明白。甚至可以毫不夸张地说，动笔前问自己的问题越多，对问题的回答越充分，表明对这篇文章想得越清楚，自然就能写得越好。

写作最忌讳的就是，有什么念头，不假思考，立刻投入奋笔疾书中去，这样写出来的文章，要么考虑得还不周全，切入的点过于片面，或者太流于表面；要么思路比较混乱，理不出头绪。所以，凡事预则立，不预则废，对于写作也是一样的道理。动笔前不先想清楚，或者思维混乱，想不清楚，必定导致写作的失败。

1960 年 4 月 10 日，大庆石油会战一开始，大庆会战领导小组以石油部机关党委的名义作出了《关于学习毛泽东同志所著〈实践论〉和〈矛盾论〉的决定》（以下简称《决定》），号召广大职工学习毛泽东的《实践论》和《矛盾论》及其他著作，用辩证唯物主义的立场、观点、方法，认识油田规律，分析和解决会战中遇到的各种问题。

在会战开始之后，面对着种种矛盾和重重困难，余秋里等会战领导者认为，面对错综复杂的各种矛盾和困难，从领导思想上不能就事论事，头痛医头，脚痛医脚，必须透过现象看清本质，抓住主要矛盾和矛盾的主要方面。

为此，会战领导小组下发了这一《决定》，组织全体会战队伍认真学习毛泽东的《实践论》和《矛盾论》。油田广大职工通过学习“两论”，认识大庆油田的具体实际和开发建设的规律，分析和解决了会战中遇到的各种问题，取得了油田会战的巨大成功。以至于今天大家都说，大庆油田是靠“两论”起家的。

这就是一个典型的例子，一篇好的文章，前提是对其行文意图、任务部署、工作要求和希望起到的作用想得很清楚了，这样才能对实践起到真正的指导作用。

2. 说明白

想清楚的事情，还要把它准确无误、明明白白地用文字表达出来。这就要求，把形势讲明白，把道理讲明白，把问题的原因讲明白，把措施讲明白，该突出的重点要突出，该强调的意见要强调，使脑子里想清楚的，变成纸上写清楚的，变成受众能够看明白的、听明白的。使笔下呈现的，与思路相吻合。

内容要说明白，逻辑也要清楚，层次要分明，语言要简洁明快。文字表达方面的能力，一方面需要多读与多写的长期积累，另一方面也需要掌握一些写作技巧与方法。

先看一篇由周恩来起草、毛泽东改定的例文，体会一下什么叫作“说明白”。

中共中央关于召开七届二中全会的通知

东北局、华东局、华北局、中原局、西北局、豫皖苏分局，林罗聂、董薄、彭叶赵、克诚、刘陈邓、粟谭、彭张、向前、瑞卿并转现在各局各前委工作的中央委员、候补中央委员同志：

中央定于三月一日起在原驻地召开第二次中央全会，会期五天至七天。你们接电后，望即布置现在各中央局、中央分局，各前委工作的中央委员及候补中央委员除留必要的人主持工作外，均应尽可能地按时到达，并即将到会的与留下主持工作的同志的名单，先行电告。西北野战军因作战在即，德怀同志是否能到会请加考虑。向前同志病体如不便车行，可不来参加。郑位三、陈少敏两同志现在养病期中，请东北局、华东局分别通知他们考虑是否能来，如不便远行亦可不来。现在港、沪的刘晓、刘长胜两同志因路远不可能参加。李井泉、陈丕显两同志不是中央委员，因为他们各担任一个方面的工作，应邀他们参加此次会议。

这篇文章最显著的特征就是用语朴实，简单明了。仅仅七句话，就把会议的时间、地点、会期等会议通知的基本要素，以及参会人员名单的反馈，部分同志能否到会的考虑都说得清清楚楚，不穿靴、不戴帽，无空话、套话，开门见山，直奔主题，有的放矢、简洁明快，让人一看就懂，一说就清、一听就明，正所谓"要言不烦，文约意丰"。

初读这个通知，可能有人不相信这是党中央的会议通知，因为与现在的文风差距太大了。当然，这与当时战争年代特殊的历史环境有关，一切讲求实用、管用。从这个会议通知中我们可以看出，什么样的文风才是好文风？这就是：简洁明了，平实易懂，言之有物，实在管用，归结起来就是三个字"短、实、新"。

3. 有特色

写文章最忌讳千篇一律、千人一面，而是应该体现每个人的个性、风格和每篇文章的特点，使每个作者都能给人鲜明独特的印象，每篇文章都能给人新鲜的阅读感受。一个成熟的作者，都会逐渐形成自己的风格，用自己的语言和语调来写作。同时写每一篇文章时，都要力图挖掘和表达其中最有特点的部分，写出每篇文章的与众不同之处。

文章的特色体现在表达内容之中，也体现在行文风格之中。从宏观方面来讲，要体现时代特色；从微观方面来讲，要体现所写作内容的特色。语言表达、遣词造句也要凸显特色。好的文章，内容上特点鲜明、亮点纷呈，表达上自然生动、引人入胜。

即便是公文这种相对格式化的问题，也并不等于呆板，更不是人们通常认为的千篇一律“打官腔”，更不能简单把公文认识为“天下文章一大抄”，下级抄上级，各级抄中央，靠复制粘贴就能完成，而是因不同工作、不同场合、不同对象、不同领导者的个性风格不同而千变万化的。特别是讲话稿、调查研究、经验介绍之类的文章，更要体现特色。

三、把握四个特性

文章应该具有什么样的特性？对此，毛泽东有过精辟的概括。在1958年1月撰写的《工作方法六十条（草案）》一文中，他写道：

文章和文件都应当具有这样三种性质：准确性、鲜明性、生动性。准确性属于概念、判断和推理问题，这些都是逻辑问题。鲜明性和生动性，除了逻辑问题以外，还有词章问题。现在许多文件的缺点是：第一，概念不明确；第二，判断不恰当；第三，使用概念和判断进行推理的时候又缺乏逻辑性；第四，

> 不讲究词章。看这种文件是一场大灾难，耗费精力又少有所得。一定要改变这种不良的风气。做经济工作的同志在起草文件的时候，不但要注意准确性，还要注意鲜明性和生动性。不要以为这只是语文教师的事情，大老爷用不着去管。重要的文件不要委托二把手、三把手写，要自己动手，或者合作起来做。

毛泽东在这里概括了文章应当具有的三个特性：准确性、鲜明性、生动性，同时指出了违背这三个特性所表现出的一些突出问题，以及如何做到这三个特性的一些方法，对我们今天的写作依然极具指导意义。

除了准确性、鲜明性、生动性之外，文章还应该具有简洁性。

1. 准确性

包括观点准确、事实准确、文法准确、逻辑准确。要做到准确，首先需要对情况的熟悉把握，需要扎实严谨的工作态度。用字用词要准确，不能出错别字；句子要通顺，不能出现病句、有歧义的句子；标点要适当，不能胡乱用标点符号；语言要规范、严肃，不能出现官方发布的禁用词，特别是在使用一些政治语言时，必须与党和国家正式文件表述保持一致。

在事实准确、数据准确、文法准确的基础上，要正确地运用概念、判断和推理等逻辑思维方法，得出准确的结论和观点，把握事物的本质和规律，对客观世界有准确的理性认识，这是准确性的更高要求。

2. 鲜明性

就是观点鲜明，主旨突出，论点明确，一目了然。很多文章是要表达观点和主张的，以起到统一思想、指导工作、推动实践的效果。在正确认识事物得出结论观点的基础上，还要鲜明表述观点，让人一看就知道主张什么、提倡什么，赞成什么、反对什么，讲什么道理，提什么要求。只有这样，才能最大限度地提高表达的效率和观点的效果。

所以，写文章要围绕形成观点、表达观点来进行，在构思上突出观点的思考和提炼，在语言上直陈观点，而不是含含糊糊、模棱两可，在表述方式上提倡直入主题、开门见山，开篇亮出观点，内文段头明旨，用鲜明的观点和态度提高说服力。

3. 生动性

就是语言活泼、生动形象、表达独特、深入浅出。要想很好地表达观点和逻辑，既需要丰富翔实的素材和论据，也需要生动、形象、清新的表达方式，以及对修辞手法的合理运用，名言典故的适当使用，甚至独特的语言风格，来增强可读性和亲和力。

4. 简洁性

就是结构紧凑，条理清晰，要言不烦，文字简洁。简为文章之至境。能在有限的篇幅里，表达更多的信息含量和有价值的观点，是认识水平和表达能力两方面高度结合的表现。简洁也是文章传播效率的内在要求，在结构上要清晰紧凑，不累赘臃肿，在语言表达上要简洁精练，不拉拉杂杂，啰啰唆唆。

准确性和鲜明性，更多侧重于文章内容上的要求，依靠认识和逻辑。生动性和简洁性，更多侧重于形式方面的要求，依靠词章和文法。所以一篇好的文章，这几个特性是不可偏废的，也是内容与形式两方面的高度结合。

第六章
写作的核心要素

写作当中，有六个方面的要素是最关键和最需要把握的，那就是：立意、主题、结构、内容、语言和文气。本章重点对这六个要素的内涵、要求加以阐述。

一、立意：言之有方

立意重在解决言之有方的问题，就是文章行文的目的与方向。立意的内涵可以从三个方面来理解：行文希望达到的预期目的与意图、文章所揭示的事物的意义、文章当中蕴藏的含意。

为文首重立意。从字面理解，“立意”就是打定主意，也就是确定通过所写的文字表达什么观点，表明什么态度，达到什么目的。可见，立意具有目的性和主观性，不但包括全文的思想内容、想法思路，更包含了作者的写作意图及动机、主观看法和倾向以及对事物的理解和判断，是主观与客观的统一。

文章的主题、结构、内容、语言等固然重要，但相较于立意，则统统要退而次之。“意”是文之中心，文之内核，文之主旨，文之灵魂。立意犹如人的头脑统率着整个文章，直接决定着文章质量，是文章的灵魂命脉。王夫之就说：“意犹帅也。无帅之兵，谓之乌合。”

从写作者的思维程序上说，立意产生在写作之前，是关于写什么和为什么写的一种思考，这就是古人说的“意在笔先”，也就是确定整个写作的基调。定下基调，写作也就有了思想基础。

从接受者的角度来说，能领悟文章的立意，比只接受文字语言要重要得多。所谓把书读薄，读成一张纸、一句话，就是抓住了这个中心思想和核心价值，体会到了作者的立意。歌德说过:“内容人人看得见，涵义只有有心人得之，而形式对于大多数人是一个秘密。”就是这个意思。

在写文章时，要养成动笔先立意、立意要“四思”的习惯。

一思高度，就是从理论、政策层面分析问题，在全局中审视事物，在大的趋势中判断事物。心系全局、心系大势思考立意，事物自然看得更全面，问题自然看得更透彻，整篇文章自然具有了思想性和指导性。如果仅仅就事论事，不跳出原有层面，则会陷入当局者迷的困境，立意自然平庸。

二思深度，就是对问题的思考深入独到，对事实分析到位，能揭示事物本质及内部规律，包含深刻的思想意义，观点具有哲理性、理论性，能启发受众思考，扩展受众思路。假如对事物的思考浮于表面，不能深入，仅仅是泛泛而谈，思想性便大打折扣。

三思角度，就是抓住最能说明事物本质特征或最能反映事物真正价值的角度，给人耳目一新的思想启发。对同一个问题和事物，从不同的角度去阐述，体现的见解是不一样的，背后是认识水平和思想水平的高下。角度抓得好，一起笔便能引人入胜，能显示出不同一般的见解。一般而言，选角度要“新”，就是不落俗套。只有从新的角度观察事物，才能发现事物新的特点；从新的角度分析事物，才能获得对事理的新认识。当然，在选取恰当角度时，要防止为一味求“新”而剑走偏锋。

四思尺度，就是要符合尺度，尽可能不偏不倚，做到得体。比如运用材料的多寡、详写略写的安排、藏锋露锋的处理等都要适度。材料多了容易搅乱主题，少了又不足以说明问题。详略安排不当显得把握不住重点，眉毛胡子一把抓。遣词用句上，藏锋露锋处理失当，就会产生负面效果。所以，适可而止，是在立意时应该思考的问题。

二、主题：言之有理

主题主要是解决言之有理的问题，就是文章想要阐明的道理，“顺理”才能“成章”。主题的内涵主要体现在几个方面：文章主要阐述和论证的核心命题、文章涵盖的主要话题、呈现的主要观点。

主题是通过文本载体所表达出来的明确意图、基本意见、主要观点，是写作目的的具体体现。主题也叫中心思想、中心意思、主题思想、主旨，如果是议论性的文章，还可以叫作中心论点或基本论点。

主题是统领全篇文章的总纲。一般意义上所说的主题，是指作品的中心论点及基本观点。立意与主题的关系是，立意大于主题，包含主题思想，而主题是对立意的文本表现。主题是否明确，提炼得是否精准，内涵和外延是否有足够的深度和广度，直接关系文章的质量。

主题决定着材料的取舍。对于文章中涉及的某个事件、某个问题，往往有十分丰富的事实材料和观念材料。这些材料有的深刻，有的肤浅；有的完整，有的散乱；有的清晰，有的模糊；有的典型，有的一般。哪些材料应该选用，哪些应该舍弃？哪些材料详写，哪些材料略写？这一切，都要根据主题的需要来作决定。

主题支配文章的结构布局。表面看起来，主题是内容，结构是形式，但是二者有着紧密的联系和内在统一性。例如，主题作为一个思想认识，它如果呈现纵向深入的形态，文章必然要安排成递进式结构，它如果呈现横向拓展的形态，文章必然要安排成横式结构，否则也不可能有效表达主题。

主题制约着文章的表达方式。写作中的表达方式主要用到描写、叙述、议论和说明，写人状物用描写，摆事实用叙述，讲道理用议论，作解说用说明。这些表达方式，实质上都是表现主题的手段。描写使用具体的细节来展示事物客观真实；摆事实是用客观存在的事物证明主题；讲道理是用判断、推理的方式来揭示规律；作解说是用知识原理来证明主题的正确性。一个特定的主题，决定了相应的表达方式。

主题影响着文章的遣词造句。古人有“言授于意”的说法，意思是语言的运用要由思想内容来决定。思想要以语言的方式存在，语言是思想的直接现实，是思想的物质外壳，有什么样的思想主题，也就必须用与之相应的语言来传达。

写作时都要经历提炼主题和深化主题的过程。提炼主题，就是从芜杂的现象中找出最有归纳性、最周延、指向明确的表述；深化主题，就是向纵深层次开掘扩展，由低向高、由浅入深、由粗到精、由残缺到完整，最终确立文章的主旨。

主题提炼的原则主要是：扣紧“关注点”，贴近对象需求，了解受众在思考什么、关心什么问题；抓住“闪光点”，突出所写事物的特色，引起受众的关注；挖掘“不同点”，善于同中求异，找出差异和创新之处。

主题提炼的方法包括：典型提炼法，即从重点内容和典型事物中提炼主题；推理提炼法，从事物的逻辑推理和演绎中寻找主题，按照“大前提一小前提一结论”的推理逻辑得出主题；归纳提炼法，从特殊到一般，从同类事物中归纳共同特征作为主题。

什么样的主题算是好的主题呢？首先要正确，这是基本要求。所谓正确，就是符合客观世界的真实情况和客观实际，能够肯定先进，否定错误，把握现实，具有正确的思想内容和价值观。其次要尽可能深刻，这是对主题的高标准要求。主题不能停留在表面现象的判断上，而应该揭示事物的内在本质，反映事物的内部规律，站得高、看得远，甚至见人之所未见，发人之所未发。

在以上两点要求的基础上，对主题最重要的要求就是“明”，就是有一个清晰、明确、突出、集中的主题思想，谋篇、布局、行文都应围绕主题。构思上要鲜明地突出主题，思路必须清晰，主旨必须单纯，议题必须集中，态度必须鲜明。有了鲜明的主题，文章就紧凑而明晰；没有鲜明的主题，文章就散乱而黯淡。主题鲜明是文章结构清晰、论证翔实的基础。主题越突出，表达就越有力，给人的印象就越深。

构思主题时一定要在芜杂的思路中找出一个最凝练、最具有概括性的主题，一旦确定这个思路，就要紧紧围绕它进行构思，不断完善、挖掘、提升、拓展，丰富主题的内涵，而不能在不同的观点之间游移、摇摆，否则就容易在动笔时出现“跑题”，甚至不知所云。

确定主题是一项富于开拓性的工作，要善于学习和思考，具备较强的思想理论功底、政策水平、战略思维能力、综合分析能力、推理能力和判断能力，也要具有一定的问题意识、研究思维和总结提炼能力。

三、结构：言之有序

结构重在解决言之有序的问题，明确文章的框架结构、组织形式、排列次序和内部构造，即通常所说的“谋篇布局”。

结构的内涵包括：文章总体的布局，也就是整体内容要素是如何构建和编排的；内容的层次，为了达到表达效果，观点素材是按什么方式有序划分和组织的；文章的条理，按照什么样的规律来组合文章的观点与素材，使其思考与表达在逻辑上一致，形成清晰有序的内在机理。

在动笔之前，对框架进行一番全面考虑和总体设计，这是最重要的一步。结构未定就匆忙动笔，是写作上的一大忌。清代戏剧家李渔在《闲情偶记》中论述：“工师之建宅亦然，基址初平，间架未立，先筹何处建厅，何方开户，栋需何木，梁用何材，必俟成局了然，始可挥斤运斧。”这段话以工匠建房来类比文章结构安排的重要性。如果设计结构不行，房子质量就没有保障。写文章也是如此，先设计出蓝图，才能开始动笔。所以，“袖手于前，始能疾书于后”。

安排结构，重点是解决正文主体框架、层次处理、段落划分、开头结尾、过渡照应等问题，基本原则是八个字：不板不乱，浑然一体。就是既不呆板，也不杂乱，形成一个脉络清晰、严谨有序、结构紧凑、浑然一体，形散而神不散的整体。

要使文章结构达到“不板不乱，浑然一体”，从构思谋篇的角度出发，要考虑以下几点。

第一，全面考虑阐述问题、分析问题、解决问题的需要，符合人们认识事物的认知规律，以便于领会和接受，不能只提出问题不解决问题，也不能不分析问题就突兀地提出解决方案。

第二，层次段落要围绕主旨，从不同的侧面、角度和内容来展开，不能漫无边际，胡乱跳跃。思维的延展和内容的铺展要符合逻辑，做到收放自如。

第三，按照表现事物本质和特征的规律来安排，由浅入深，由表及里。比如先谈现象，再谈原因，最后谈解决办法，这样才有利于把要传达的思想内容表达清楚，也更有助于加深读者对文章内容的理解。

第四，各部分、各层次之间有正确、严密的逻辑和照应关系，通篇浑然一体，不管选择什么结构，都要体现出明晰的逻辑关系。

要做到“不板不乱，浑然一体”，在框架设计上的要点是：找出重点，理出层次，排出顺序，使文章思路贯通，布局严谨，衔接紧密，层次清楚，段落完整，重点突出，自成一个紧凑精干的有机体系。

一是找出重点，就是对文章的题材进行整体把握和合理分配，明确详写的方面，突出重点的问题，使文章有轻有重，有主有次，疏密有致。

二是理出层次，就是按照逻辑关系、按轻重缓急，对构思的内容进行分块，厘清某个问题包含哪些内容，哪些内容意思有关联，合并同类项，把条理清晰化，使文章脉络清楚，便于受众理解。

三是排出顺序，就是按照已经理出的层次对题材进行排序，明白哪些先讲、哪些后讲，用什么逻辑关系来组合，不能随意排列，不能错乱和颠倒。

朱光潜在《选择与安排》中说过这样一段话：“第一须有头有尾有中段，第二是头尾和中段各在必然的地位，第三是有一股生气贯注于全体，某一部分受影响，其余各部分不能麻木不仁。一个好的阵形应如此，一篇好的文章布局也应如此。一段话如果丢去仍于全文无害，那段话就是赘疣；一段话如果搬动位置仍于全文无害，那篇文章的布局就欠斟酌。布局愈松懈，文章的活力就愈薄弱。”

要做到“不板不乱，浑然一体”，在层次安排上，重点要把握好完整性、连贯性、严密性三个要点。

一是完整性。首先，要做到开头部分、主体部分、结尾部分齐备，不可无故残缺，就是朱光潜先生所说的“有头有尾有中段”。其次，各个部分要相对饱满，不能干瘪、空洞，给人局部残损的感觉。最后，脉络通畅，贯穿首尾，如有文气不能串联的地方，形成脱节断气，也会影响文章的圆满。

二是连贯性。文章各个部分之间，在内容上要相互连贯，井然有序，在语言形式上要有紧密的衔接和合理的过渡。一篇文章是由既有区别又有联系的若干层次构成的，这些层次之间，不管是在内容上还是在文气上，都要有内在联系。在外部的语言形式上，不管采用序号衔接还是采用自然过渡，也必须自然流畅。为了考虑层次转换时的自然过渡，增强行文连贯性，还应该合理使用“另外”“因此”“同时”“但是”等一些过渡词。

三是严密性。严密性是指文章的各个部分之间有严密的逻辑联系，既不能出现前后内容互不相干，也不能出现前后内容相互矛盾的现象。文章的部分与部分之间，或呈现因果关系，或呈现主次关系，或呈现并列关系，或呈现表里关系，各部分互相弥补、互相协助，而不能互相矛盾、互相拆台。

朱光潜在《选择与安排》一文中说：“文章的‘不通’有多种，最厉害的是上气不接下气，上段上句的意思没有交代清楚就搁起，下段下句的意思没有伏根就突然出现……应该在前一段说的话遗漏着不说，到后来一段不很相称的地方勉强插进去……在上文已说过的话，到下文再重复说一遍。”这些问题都属于逻辑混乱，导致结构不严密。

我们通常所说的结构，一般来说，可以分为以下三层。

结构的第一个层次，是通过制文要素体现出来的文面因素，如密级、文号、签发人等，也叫浅层结构。

结构的第二个层次，是通过标题、开头、结尾、段落、层次、过渡、照应等体现出来的语言因素，也叫表层结构。

从前述可知，层次指文章各部分内容表达的次序，着眼于思想内容的划分；段落是行文时自然形成的基本单位，侧重于文字表达的需要。层次安排方式有总分式、并列式、递进式和对比式，根据主题思想表达的需要来决定，段落划分强调的是集中、完整和匀称。

过渡和照应是使文章内容前后连贯的重要结构手段。过渡起承上启下作用，使先后相关的两个层次和段落上下连贯，前后衔接。照应就是文章前后内容关照呼应，能使结构严密，脉络连贯。

至于怎样开头和结尾，则应从文章的整体出发，有利于主题的表达和各部分的协调。不同体裁的文章开头与结尾的写法迥然不同，从领导干部写作最多的公文、说理文或者议论文来说，一般而言，开头要简洁明了，说明写作目的、依据、有关背景等，尽快切入主题；主体要分清层次、段落、顺序；结尾要简洁果断，言尽则止，不拖泥带水。

结构的第三个层次，是通过“为什么，是什么，怎么样，怎么办”等问题体现出来的逻辑思维因素，也叫深层结构。体现在正文上，内容要根据主题表达的需要和文章组成要素的特点，选择合适的结构形式，常见的结构形式有如下几种。

并列式结构，围绕一个主题将几种情况、几项措施、几个经验或几个问题并列；递进式结构，内容按照时间顺序、空间顺序或逻辑顺序递进，常见的是第一步先交代事件背景或提出问题，第二步说明现状或者分析原因，第三步得出结论或提出建议；倒金字塔结构，首先高度概括主题内容，然后围绕这一中心组织材料或展开陈述。首先将最核心、最重要的部分先列出来，随后按照重要程度依次排列；总分 / 总分总结构，把总括性的内容放在前面，统领全篇，后面再加以分述，总分总就是到最后再加以归纳总结；自由式结构，灵活交叉使用上述结构方式。

结构的实质是客观事物本来面目以及对事物的认识理解在表现形式上的体现，应该做到层次分明，条理清晰，概括精辟，逻辑严密，言之有序。如果对事物认识理解透彻，思维脉络清楚，就不愁找不到较好的结构方式。

安排结构有一定的技巧，但并非纯技巧性的问题。内容决定结构，结构是为内容服务的。选择什么样的结构形式，取决于内容表达最适宜采取什么结构。所以，结构是内容最好的容器。

四、内容：言之有物

内容主要是解决言之有物、言之有据的问题，使文章充实饱满，实在管用。如果说结构是一篇文章的框架蓝图，那么内容则是支撑框架的物件，填空蓝图的素材。内容看似包罗万象，概括起来主要是观点与素材，也就是论点与论据，以及由观点与素材组合而成的意群。

领导干部写文章不仅要注重形式的规范化，更要在内容上求实。内容越实，文章的力量越大，影响越强，指导作用也越大。这是因为：一是只有实事求是，基于对客观事物的准确反映，写出的文章才有生命力和价值，才能做到主观与客观相统一、理论与实践相结合，才符合马克思主义唯物史观。二是只有内容实际，才能为正确领导提供保证，真正起到指导工作、推动工作的作用。

当前，转变文风取得了一些成效，但形式主义、文牍主义还是较为严重，行文过滥、文风不正已成为长期困扰、积习难改的两大顽症。要改进文风，还是要大力倡导实事求是的作风，根除形式主义、文牍主义的思想基础。所以各级领导干部要率先垂范，写实在管用的文章，才能切中文风的时弊。

我们可以看一看邓小平所写的文章，在务实管用这一点上很值得学习。他曾经指出："学马列要精，要管用。"他的文章也体现了这种实在、管用的特点。《邓小平文选》中每篇文章大都是两三千字，短的只有一两百字，但内容丰富，主题突出，意味深长。比如，《一心一意搞建设》《路子走对了，政策不会变》《拿事实来说话》等篇章，篇幅虽短，但字字千钧，十分有力量，令人百读不厌。

具体来说，文章的"实"，主要体现在以下几个方面。

1. 真实准确不虚假

就是内容要忠实于客观事物的实际情况，做到事实真实、内容可靠、数字无误、观点准确，这是写作最根本的原则，也是实施科学决策的基本保证。

首先，应如实把客观实在的事实写出来，什么事、什么人、什么时间、什么地点、什么样子、什么缘故，都要准确清楚，不能做任何加工。素材要准确典型，不能粗枝大叶，道听途说，更不能随意捏造事实和数据。特别是对于第二手材料，要反复验证。

列宁说："如果从事实的全部总和、从事实的联系中去掌握事实，那么事实不仅是胜于雄辩的东西，而且是证据确凿的东西。如果不是从全部总和、不是从联系中去掌握事实，而是片断的和随便挑出来的，那么事实只能是一种儿戏，或者甚至连儿戏都不如。"

其次，观点、结论也一定是从对现实材料的分析中自然引出来的，不能想当然，不允许掺杂任何主观臆造的成分。引用观点要交代清楚，不能漏字错句，篡改原文，也不能断章取义，随意曲解。

最后，在真实的基础上还要做到准确，准确是对真实更高的要求，是对事物全貌的反映，而不是以偏概全或者选择性地使用事实。

2. 充实丰富不空洞

这就要求占有丰富的材料，有充分的论据，增强说服力。材料包括各种情况、典型事例、论点、论据、数据等，将这些材料进行认真分析和综合研究，选用与文章要阐述的主题有关的、真实的、典型的、有代表性的、能揭示事物本质的材料，根据需要加以组合。

充实与空洞的界限，不仅在于有没有观点和材料，关键在于文章有没有针对性，是否达到了观点与材料的统一。如果写文章不提出问题，不解决问题，只罗列一些事实，不做科学分析与综合，不演绎出规律，不归纳出结论，只是泛泛地重复现成的一般原理、结论、口号，只能是苍白无力的。

3. 切实可行不浮泛

领导干部所写的文章，在阐述贯彻党和国家的方针、政策时，要紧密结合本地区本单位的实际情况，尤其是实践中出现的新情况、新问题，要把握好角度，将大政方针落实在具体工作之中，使工作思路、实施方案、政策措施等应当有较强的可操作性，能够直接用于实践，并接受实践的检验，否则提出的主张和措施就没法落地。

可行性一般包括四个方面：一是政治可行性，即某项政策、措施可能被多数政治团体或大多数群众接受，政治风险不高；二是经济可行性，即实施政策、措施必需的资源是能够充分获得的，是不会产生难以承受的经济负担的；三是技术可行性，即将政策、措施付诸实施在技术上是可行的；四是心理可行性，即政策、措施的实施与受文对象及执行者的心理承受能力是相适应的。如果不具备这几方面的可行性，写出的文章是行之不远的。

4. 朴实简洁不华丽

写短文、写实话，通俗易懂，朴实无华，不求文采，但求管用。这对所有的文章都是适用的，所以起草制度文件要“管用”，通知请示报告讲“要情”，领导讲话讲“要领”，汇报交流经验材料讲“要点”，其实都是要坚持朴实简洁的要求。

怎样才能把内容写实，从理念和态度上说，要记得的一点是，写作最重要的是研究事，而不是研究字。只从文字着眼，光研究“字”，而不着重于研究客观事物，其实是一种不正确的写作思维方式，容易陷入误区和僵局。文章表面上是文字组成的，本质则是对事物认识的结果，或者说是对事物认识的文字反映。研究“事”，可谓“研究者”；研究“字”，则成了“文字匠”。

李瑞环在《学哲学 用哲学》一书中说：“我们有些文章写得不好，不是词汇不够多、句子不够美，而是动机上、内容上、方法上有毛病，在鼓捣字儿上花的时间太多，在研究事儿上下得功夫太少。”

那么，究竟要研究哪些事呢？一是研究“上面”的事，主要是上级的文件、会议材料、领导讲话等。通过对这些材料细心研读，从中深刻领悟、准确把握上级的精神，看有哪些新政策、新观点、新要求、新提法，便于在起草中有所遵循、有所借鉴、有所吸收和有所体现。二是研究“外面”的事，外部形势，发展趋势、动态，最新观点，好的经验、做法和政策举措等。三是研究“下面”的事，下属单位有哪些值得总结提炼的好经验、好做法，哪些问题具有普遍性，指导工作如何具有针对性。

最重要的是研究自己的事，把本单位的情况、取得的成绩、存在的主要问题、下一步的工作要求搞清楚，研究提出工作任务、思路和措施，使所写作的文章具有针对性、实用性。把事情基本研究明白了，再转化成文字，就能形成一篇求实、写实的文章。

五、语言：言之有味

语言主要是解决文章言之有味的问题。语言是人们读一篇文章最直观的第一印象，是文章最为鲜活的部分。在写文章时，提炼立意，确定主题，谋划结构，甄选素材，每一环节都离不开对语言特点的把握和灵活运用。

语言是思想的载体，是思维的工具。领导干部都有一定的职务和威严，但切忌写文章也带有“官腔”，写的都是“官样文章”，四平八稳、面目可憎、味同嚼蜡。出现这样的情况，主要还是作者思想僵化、语言苍白的原因，做不到准确、简洁、生动，不能给人鲜活的感受，而是陈词滥调，面面俱到。

实际上，语言陈腐只是现象，假、大、空的作风才是根源。假，就是虚情假意，装腔作势，堆砌辞藻，内容不够词语来凑，要么华丽煽情，要么晦涩难懂，把简单的事情说复杂，令人茫然不知所措。大，就是好大喜功。不顾主客观基础条件限制，夸大其词，把目标定得很大，口号喊得很高，特别是倾向于歌功颂德，文过饰非，刻意掩盖存在的问题，极力吹嘘不值一提的成绩。空，就是空话套话多。以会议落实会议，以文件落实文件，照搬照抄，甚至生搬硬套、移花接木。不深入调查研究，不结合具体实际，内容空洞，语言干瘪，言之无物，写出来的文字总是千篇一律。这种作风和文风是坚决要杜绝的。

毛泽东在《反对党八股》中写道："俗话说：'到什么山上唱什么歌。'又说：'看菜吃饭，量体裁衣。'我们无论做什么事都要看情形办理，文章和演说也是这样。"好的语言绝不是清一色的"打官腔"，而要根据用途、对象和要求的不同，该严肃的严肃，该活泼的活泼，该委婉的委婉，该激昂的激昂，这样才能与受众互动交流。没有语言风格的文章，就像说话没有升降调，是很难吸引人的。

好的语言的标准，应该是准确、简洁和生动。

1. 准确

即素材真实、数据准确、议论恰如其分，把要说的事、要讲的理说准确、讲明白，使内涵与表达意图完全一致，符合客观事理，做到文从字顺、逻辑合理、庄重平实、精准简明，让读者一看就懂。准确明白是文章的基本境界，也是起码的要求。

2. 简洁

简洁凝练、文约事丰是追求的方向。简洁既指风格质朴，自然去雕饰。好的文章应该朴实无华，不矫揉造作，不故弄玄虚，不生拉硬凑。简洁也指内容凝练，力求用最短的篇幅、最精练的文字，表达最大的信息量。文章简洁要求多写短文，追求短实新文风，力戒形式主义，少说一些"正确的废话、没用的空话、好听的套话"。

简洁是务实的姊妹，也是扭转"假大空"的文风最需要着力之处。那么，不正的文风主要有哪些表现呢？

第一，长篇大论。就是喜欢把简单的问题复杂化，认为文章不长就没水平，洋洋洒洒，七拼八凑，不重质量重数量。我们以前讲“有话则长，无话则短”，其实用新的标准来看，应该是“有话则短，无话不说”。文不在长，有新意就好；话不在多，管用就行。古今中外用短文章讲清大道理的例子俯拾即是。只要抓住事物的本质，短文章也能讲清大道理。

第二，空洞无物。看起来写了很多，可落到实处的、接地气的没有几句。有时明明是某些具体工作要研究，却官腔官调，漫无边际，看似滴水不漏，干货却相当有限。重点不突出，内容不实际，什么都有，就是什么都没有。

我们读毛泽东的文章，从来不会有云遮雾绕之感，而是仿佛身临其境，让人在通俗易懂中汲取深刻的道理，受到极大的教益。这在于他一生注重实事求是、调查研究，从实践中来，到实践中去。所以，要言之有物，就得多研究问题、研究工作，才不会行文空洞。

第三，缺乏新意。不少人认为，要写出新意劳神费力，而且不见得被认可，于是，文件上抄点，网络上复制点，一篇文章便成了。至于有多少新意，有没有用就不管了。这些都是不实事求是的表现。

篇幅属于形式的范畴，形式为内容服务，我们提倡行文简洁，并不是一味求短，而是要根据文章的需要量体裁衣，当长则长，当短则短。如果确实需要一定的篇幅才能把事情讲清楚，把道理讲明白，那就应该适当长一点，这种时候非要追求短而影响了意思的表达，那就成了另一种形式主义。但如果是一副小身材，却偏要穿一件大褂，那更不伦不类。

正如毛泽东在《反对党八股》中所指出的：“党八股的第一条罪状是：空话连篇，言之无物。我们有些同志欢喜写长文章，但是没有什么内容，真是‘懒婆娘的裹脚，又长又臭’……现在是在战争的时期，我们应该研究一下文章怎样写得短些，写得精粹些……文章太长了，有谁来看呢？”

长文之风产生的原因主要有三个：一是形式主义作祟，错误地认为只有长文章才能显示对工作的重视、显示文字工作的水平。其实，把文章写得长不难，特别是在信息化条件下，很多人复制粘贴就能写出一大篇，而要把文章写短，才需要真功夫。二是分析概括能力不强，抓不住重点，抓不住本质，觉得什么都重要，什么都不能丢。三是低估读者的理解力，生怕讲少了读者不能理解领会。

要练就简洁文风的基本功，可以从以下三个方面入手。

第一，避免重复。包括标题与内容的重复、起句与内容的重复、前后的重复以及句子跟句子、词跟词之间的重复，注意运用承前省略或承后省略来避免重复累赘。把多余的段落砍掉，把无关紧要的词句砍掉，把空话、大话、套话、废话砍掉。有些内容从字面上看不重复，但意思表达是重复的，属于翻来覆去说的“车轱辘话”，也要毫不可惜地砍掉。

第二，概括归纳。包括段旨句的概括，起句立意，引领全段；意群（观点与素材组合的概念）的归纳梳理，用观点统率事实，做到概念清晰，逻辑严密；浓缩语言，概括特点，从具体到一般，从特殊到共性，而不要简单罗列；结论的提炼，提高对事实的概括能力和语言的容量。

第三，锻造炼句。每句话、每个词、每个字甚至每个标点符号都要精深锤炼，使字字句句都讲到点子上，讲到实处，做到陈述事实开门见山，议论一语破的，对策管用可行，不蔓不枝，干净利索，篇无闲句，句无闲字。

基本方法是，多用动词和名词，少用形容词；多用节奏明快的短句，少用句式复杂的长句；特别注意“的的不休、了了不断”，大部分的“的”和很多的“了”是可以去掉的。现代汉语一定程度上受西化翻译语体的影响，存在繁复、冗长等问题，而中国古文简洁精练的风格值得学习借鉴。

3. 生动

在准确、平实、简明的前提下，文章语言也应该做到生动活泼，增强其可读性。只有写得生动，才有利于增强文章的可读性，加深读者的具体理解。毛泽东在《工作方法六十条（草案）》中特别强调文章和文件都要具有生动性，“作经济工作的同志在起草文件的时候，不但要注意准确性，还要注意鲜明性和生动性。不要以为这只是语文教师的事情，大老爷用不着去管”。

如何把文章写得生动好读？可以从以下几个方面入手。

第一，注重形象具体。领导干部写的很多文章是议论文，主要是抽象说理的，但是干巴巴地讲道理令人生厌，需要使用生动形象的语言表现形式，不仅把事理说得准确明白，而且让人读起来有兴致。形象具体的表述能给人一种生动的感觉，这就要求写作者要学会向基层学习语言、向群众学习语言。

同时，适当使用一些成语、歇后语、典故以及一些富于哲理的趣味性语言，以增强用语的生动性。语言只有“接地气”才生动。毛泽东在《反对党八股》中，列举了党八股的第四条罪状：语言无味，像个瘪三。他说：“上海人叫小瘪三的那批角色，也很像我们的党八股，干瘪得很，样子十分难看。如果一篇文章，一个演说，颠来倒去，总是那几个名词，一套‘学生腔’，没有一点生动活泼的语言，这岂不是语言无味，面目可憎，像个瘪三么？”

毛泽东还说：“人民的语汇是很丰富的，生动活泼的，表现实际生活的。我们很多人没有学好语言，所以我们在写文章做演说时没有几句生动活泼切实有力的话，只有死板板的几条筋，像瘪三一样，瘦得难看，不像一个健康的人。”他自己写的大量文章，是非常注意有关成语、典故、谚语及群众口头语引用的，把深奥的革命道理浅显易懂地告诉广大干部群众。以《湖南农民运动考察报告》为例，其所引用的古语、成语、典故等就相对较多。

第二，多用一些鲜活的故事和案例。一个故事，有时候说服力和感染力远远大过讲长篇大道理，讲好故事，用好鲜活的案例，能起到以一当十的效果，也增强了语言的生动性。

第三，适当用一些修辞手法。比如，排比、用典、比喻、设问等，以增强表达效果。但要注意，在有些文体中，如公文中，文学修辞手法使用要适当，过多反而会适得其反。

要注意强调的是，生动形象更多指的是一种内在精神，思想活泼，思维敏捷，追求语言的活泼，不应只是表面上使用一些俏皮话或者流行语，那样反而失之油滑轻佻。

语言的生动还体现在追求新意，力避呆板、老套、枯燥、模式化、概念化。语言要追求新意，一定要解放思想、敢于突破，在思想创新、观点创新的前提下，尽可能用新概念、新材料、新语言，使人耳目一新。最好能打造亮点，用最精彩的语言挖掘出闪光点，把它突出和烘托出来，给人留下深刻印象。

文章好写，点睛之笔难求。一篇文章创新出彩，往往就一两个独到的观点，几十个字，让人受到启发、受到震撼、印象深刻，流传久远，那就是很高水平了。有了它，就能使文章亮起来。

打造亮点的前提是解放思想，实事求是，推陈出新，对情况熟悉了、把道理想透了、将认识深化了，才能作出凝练的概括、通俗的表达，才能写出让人过目不忘的“金句”、至理名言，才能留下痕迹。

语言的生动还表现为语言张力。张力即语言的活性与表现力，表面风平浪静，但内在有情感、气韵、时间、空间的流动，形成一种内容与形式的互动，措辞练达精简，又入木三分，节奏张弛有度，收放自如，不拖沓不夸张，如弓之开合，给人一种蓄势待发、从容铿锵的感觉，并且留出极大的再思考空间。

北宋大文豪苏东坡在《答谢民师书》中的“初无定质，但常行于所当行，常止于所不可不止”，以及明代谢榛在《四溟诗话》中讲的“诵之行云流水，听之金声玉振”，指的就是这种语言的张力。

六、文气：言之有脉

文气解决文章言之有脉的问题。文气主要体现在以下几个方面。

1. 使文有意气

意气本指人的思想、性情、兴致，这里主要指人之意气体现于外的文风，它能映现作者的人品、见识、经验、态度等内在的素质。文章要有意气，作者需要在个人综合素质方面有极其深厚的积累。要涵养自身的振奋豪迈之气，忘记个人的利害得失，超然于小格局之上，那么写文章时，自然有一股俊伟豪迈的风发意气从胸中自然流出。

毛泽东年轻时大声疾呼：“天下者，我们的天下，我们不说谁说？”正是因为从小胸怀大志，胸怀伟大的理想和抱负，“书生意气，挥斥方遒”，毛泽东的文章才有这种集意气、大气、才气于一体的非同凡响的文气，令人叹为观止。

要使文章有意气，写作者需要在日常注重提高自己个人的素质，不断涵养自己的品格情操，锤炼自己的意志品质，拓展自己的胸襟情怀，久而久之，自然有一股凛然之气自文字流出，从而体现一种思想的高度，彰显一种情怀和见识，展示大的格局和昂扬奋发的精神，使文章充满浩然正气，让人读了有意气风发之感。

2. 使文有气势

气势是一种力度美，所表达出的是作者坚定的理念、激越的情感、强烈的感受。为文不可装腔作势。文章的气势来自语句所包蕴的一种无法阻挡的力量，这种力量是作者注入其中的。从根本上讲，文章有气势，是因为有思想、有洞见、有理论的深度和逻辑上的自信。

有气势有力量的文章，直指人心，鼓舞人心，所以有“一支笔抵得上四千毛瑟枪”的说法。当年袁世凯称帝，反对的文章多如雪片，最为有力的是梁启超发表在《京报》上的《异哉所谓国体问题者》，这篇文章掷地有声，脍炙人口，发表以后全国各报纷纷转载。这个舆论攻势，不比蔡锷的军事力量作用小。因此史学家唐德刚说，洪宪王朝的彻底毁灭，有这篇文章一半的功劳。

还有一个广为人知的故事说，曾国藩在军情报告上将“屡战屡败”改为“屡败屡战”，一字之差，气象和境界完全不同，给队伍的士气产生的影响也有天壤之别。陈琳写骂曹操的文章，曹操自己看了都一身大汗，久治不愈的头痛都好了。骆宾王写讨伐武则天的檄文，武则天看了连连称赞，说“这样的人才不为我所用，是宰相的失职”。这些都说明了文章气势的作用。

毛泽东文章的最大特点就是磅礴凌厉的气势，因为他具有深厚而独特的思想，而且是先进时代的思想。他说："文章须蓄势。河出龙门，一泻至潼关。东屈，又一泻到铜瓦。再东北屈，一泻斯入海。行文亦然。"在毛泽东的文章中，这种如黄河奔涌而出的磅礴气势随处可见。

《民众的大联合》一文中写道："我们中华民族原有伟大的能力！压迫愈深，反动愈大，蓄之既久，其发必速，我敢说一怪话，他日中华民族的改革，将较任何民族为彻底。中华民族的社会，将较任何民族为光明。中华民族的大联合，将较任何地域任何民族而先告成功。诸君！诸君！我们总要努力！我们总要拼命地向前！我们黄金的世界，光荣灿烂的世界，就在前面！"文中字字句句都迸发着力量，这种气势来源于鸿鹄之志，来源于对时代的睿智把握，来源于对中国革命的高瞻远瞩，有了这些，才能有这振聋发聩之声。

要使文章具有气势，除了要在思想深度上下功夫，也有一些行文的技巧可以借鉴。

第一，必须内容充实，言之有物，这是最基本的条件。如果内容空洞，事实不足，仅仅在表现形式上做文章，是不能真正做到气势旺盛的。

第二，注意锤炼语言，尽可能使用结构简单、节奏明快的短句，使用雄壮有力、气势磅礴的措辞，使句式整齐，读起来音节和谐，声调铿锵，气势充沛，笔力雄健，有荡气回肠之势。

第三，适当使用一些修辞方法，如排比、对偶、反复等，在反映内容的同时能够产生一种美感，激发一种情绪，增强表达效果，吸引读者去深刻领会文章的内容，以达到鼓舞人心、催人奋进的效果。

第四，贯以真挚充沛的感情，以强烈的感情感染受众，从而更增强文章的气势。梁启超先生说自己写文章“笔底常带感情”。文章要想打动别人，首先自己要有感受，要有情感在其中。

第五，使文章气脉贯通。文章最贵一气贯通，即思维的脉络连贯畅通，结构的安排紧凑顺畅，首尾一体，一气呵成，给人势如破竹之感。而不是磨磨蹭蹭、叽叽歪歪，欲说又止，欲罢不能。所以古人论文，讲气贯长虹、力透纸背。

这里讲的文气贯通包括两个方面：一是思路上做到文理连贯，内容上合理、有序、连贯、周延；二是语气上做到文气连贯，外在表现形式上力求自然、连贯、流畅、通达。

气感并不是一个多么神秘、多么高不可攀的东西，每一个写作者都可以去感受、挖掘和培育它。最好的方式是阅读一些好的作品和经典范文，感受其中的气势，从中得到熏陶。文气的培育，最终离不开作者在综合素质方面的深厚积累。

第七章
写作的基本步骤

前一章我们讲了写作的一些关键要素，这是文章的核心构成，那么，一篇文章从无到有，从时间顺序上要经过哪些步骤和环节呢？本章将讲述写作的一般流程和几个主要步骤。

在开始写作之前，我们要做一些必要的准备。具体来说，至少需要把握两个关键。

一、明确写作意图

写作意图，即写作的目的，企望取得的效果。有了目的，才能明确方向，写起来就会有的放矢。相反，目的不明，就无从下笔，写起来也容易偏离方向。

要使自己的写作变得高效和管用，应该做到的是，每次写作前，先问自己一个问题：我写这篇文章到底要起到什么作用？如果没想清楚这个问题，请不要轻易下笔，因为很可能写了也是白写。只有明确了意图和方向，才能做接下来的工作：选择合适的文体、整体上进行构思、有效地组织内容素材、采用适当的语气和风格等。

比如，组织完成了一项重要的工作，需要给上级领导机关提交一个总结报告，那么首先要想清楚的是，写这个报告的目的是让领导了解工作成效，总结其中的经验和教训，并提出对未来工作的建议。只有明确了这样的写作意图，并将这一意图贯彻在后续写作当中，这份工作总结的写作才算得上是成功的。如果缺乏这样的考虑，为了写而写，漫无目的，写起来信马由缰，不着边际，把活动的过程写得啰啰唆唆，像讲故事一样，写得再精彩又有什么用呢？

再如，要下发一个通知，要求各所属单位提交某方面的资料，那么目的是希望接收者了解这一需求，减少信息的不对称，更好地执行工作要求。明确了这样的意图之后，那么在写这个通知时，就应该把要求尽可能说得具体详细一些，让人一看就明白，让对方减少疑惑，给你满意的反馈。

二、把握接受者需求

光知道自己的写作意图也是不够的，还有同样重要的一点是，了解和把握接受者的需求，让自己写的东西能够“投其所好”“适销对路”。如果不能很好地把握对象的需求，就会变成自说自话，没有人会买账，自然达不到效果。

不同的事情，不同的对象，接受者的需求是千差万别的。但概括起来说，可以归纳为两种：利益的需求和情感的需求。

利益的需求，是指能给对方带来什么样的现实或潜在的好处与便利，包括你能给对方提供什么帮助，提供的信息对接受者有什么价值，带来什么样的机会与可能性，能否引起对方的兴趣，等等。

情感的需求，是指给对方带来什么样的情感上的满足和愉悦，包括是否感受到尊重、得到认同，提供的内容是否符合对方的特点和习惯，是否就一些事情引起共鸣，等等。

这就要求，在写作时要充分把握对象的需求，坚持“有利原则”和“双赢原则”，在双方利益的交汇点和情感的契合点上多加考虑，寻求双方共识和最大公约数，使自己写的文章成为沟通传受双方之间的有益桥梁。

比如，还拿给上级领导机关写总结报告的事情为例，当要写这份报告时，应该要想到，领导想从中看到的是什么？他肯定不是只想看到表功请赏，而是希望通过成功案例的总结鼓舞士气，激励队伍，并从中找出有益的经验，加以推广使用，提升业绩，扩大战果。他还想知道这个过程中哪些地方做得还不够，应该加以改进，以便做得更好。

当知道了领导的这些需求，自然就能更好地把握写作的重点，知道哪些地方应该详写，哪些应该略写，而不是一上来洋洋洒洒写上一大篇，自己写得很兴奋，却都不是领导想看到的东西，根本没有抓住他的核心需求，那效果就可想而知了。

以上属于领导的利益需求，那他的情感需求是什么？就是工作取得的业绩让他感到兴奋、满足和自豪，足以证明自己的英明决策与有效领导，并且对未来的工作更加有信心，这些都是在写作时要考虑的。从接受心理学来说，让对象产生积极的、认同的心理，是他充分有效接受信息的前提。

这种认同，除了情感上的满足，还有一点需要考虑，就是提供的信息要符合领导的接受习惯和个性特点。每个个体的接受习惯是不一样的，有人喜欢条理清晰地说理，有人喜欢用数据说话，有人喜欢使用案例来说明观点，只有知己知彼，才能找到最合适的方式。

从下级对上级报告工作的角度来说，还有一点是共同的，就是表述一定要精炼。因为领导的角色是把握方向、作出决策，所以给他的文字内容一定要提纲挈领，不要废话。领导的时间都很宝贵，都不愿意看事无巨细、啰里啰唆的文字。

在写作中，对象是因事因地因时而异的，比如，一份通知是发给一家单位还是多家单位，一次演讲是对内还是对外，一份简报是给上级还是给下级，一份邀请函是给老友还是给新识者……对象不同，需求就不一样，写作者需要具体问题具体分析，在把握“有利”和“双赢”两条基本原则的基础上，根据情境灵活运用。

明确意图，把握需求，这是写作前需要作的思想准备。那么，正式开始写作后，我们要从文章的思路、内容、撰写几个方面来依次加以把握。

三、在头脑中构思

构思，就是写作之前，对写作内容进行先期的考虑和整体的筹划，明确文章的基调、主旨、论点、框架、风格等。这是文章能够写好的关键环节。

广义地说，明确写作意图和把握对象需求也属于构思的范畴，是写作的基础性前序环节。但这里我们谈的是狭义的构思，侧重于指通过对写作语境的把握，明确写作中应该关注的重点，以及需要注意的事项。

语境，就是写作的具体情境。语境是由写作的目的、使用的文体和核心事件共同决定的，语境又决定了写作的内容要素、写作要点与呈现风格。

比如，写作一份通知的语境，是提出要求，或安排任务。在这一语境下，主旨事件要清楚，文字要简练，部署事项要明确具体。要让人一看就明白如何做、如何反馈，是合格的通知，不需要讲究文采，不需要长篇大论。

写总结报告的语境，是回顾过去、总结经验、展望未来，面对的对象是上级，那么就应该既全面系统，又要言不烦，它可以写得长一点，但这种长一定是有内容、有启发的长，而不能是为了凑字数去罗列和赘述，不是停留于表象，而是要写洞察和深度思考后的结论和观点。

写调查报告的语境，是为了解决特定问题。那么就要通过事实的描述，问题的剖析，建议的提出，阐述自己对相关问题的认识，得出有信服力的结论，提出有建设性、有可操作性的建议，而不能干巴巴地平铺直叙。

总而言之，把握语境要解决的问题是：在特定的情境下、面对特定对象，根据行文意图和目的，用有说服力的材料、合理的表述方式、得体的语言表达正确的观点。这正是写作时在头脑中构思需要关注的。不同语境，不同构思，不同写法，需要在写作实践中不断归纳总结。

四、组织有效的素材

构思完成之后，相当于为自己的写作画了一个像，知道要写成什么样子，接下来就是为写作准备充足的素材。素材是文章的血肉，构思再好，没有素材作为支撑，也会成为失败的写作。

写作中涉及的素材可以说是种类繁多，但归纳起来，可以分为三个层面。

第一个层面是观点。就是一篇文章想表达的思想主旨、重要论点，用来阐明自己的立场，说服对方或改变对方的想法，对对方提出希望或要求等。观点是“旗帜”，起到提纲挈领的作用，其他的论据都为观点服务。

观点应该鲜明，当然根据情况表达的方式可以直白，也可以委婉。一篇文章中的若干观点应该协调一致，不能互相冲突，要注意处理好总论点和分论点之间、观点与观点之间的逻辑关系。表达观点要讲究实效性，与对方的观点交流应该有针对性，不要自说自话，不要为了阐明观点而阐明观点。

第二个层面是论据。就是用来说明观点的材料，使观点得以成立的支撑性内容。没有论据支持的观点是站不住脚的，而没有观点统领的论据也是一盘散沙。论据是观点的“弹药”，分为事实论据和理论论据。

事实论据是对事实的描述，包括事情原委、故事、证据、案例、数据、图表等，它能保证观点的真实性和说服力。理论论据包括理论性的、法律政策等依据，科学定理、公理，会议决定、决议等，它能保证观点的公信力和权威性。这两者共同构成文章的论据体系，根据表达观点的需要灵活使用。

第三个层面是语汇。不同的行业，不同的领域，都有自己特定使用的词语。想要让自己的文章更专业，那么就得学会和用好这些专业用语。丰富的语汇是写作的“文字粮仓”，学习了解和经常使用它们，久而久之，就熟悉和掌握了特定领域的专用词汇和话语体系。

五、写作和修改

写作是按照构思把素材加以有效组织、使其成文的过程，再通过必要的修改，把它变得更完善更到位。写作和修改要把握好“加减乘除”四法。

加法。就是追求文章的完整，包括思路的完备、素材的确凿、表达的准确以及格式的规范，根据需要添加和补充必要的内容要素，使文章没有缺失，做到有理有据，有骨有肉，表达充分。

减法。就是注重文章的简洁凝练，在表达清楚的前提下，观点素材不求多而求精当，做到脉络清晰，布局合理，条理分明，层次有序，语言简练，切忌含混不清，长篇大论，不知所云。

乘法。就是注重突出文章内容要点，包括观点的提炼、重要事实或数据的使用、必要的强调和提醒等，去粗取精，合理剪裁取舍，使重要的内容更加醒目，起到以一当十的作用。

除法。就是要注意语气，克制情绪，追求表达和沟通的效果，使写出的东西更加具有“情商”。文章是以有效沟通为目的的，要追求沟通效果，尽量避免在文字中流露出个人情绪，以免影响接受者对信息和对写作者的误判。要记住，写出来的文字，能反映出写作者是什么样的人。

在这里还想强调几句。一是文无定法。俗话说，千古不同文。没有千篇一律的文章，也没有固定的套路方法对任何文章都适应。正像世界上没有两片相同的树叶，也没有完全相同的两篇文章。所以，要根据实际灵活掌握而不拘泥于形式，充分发挥创造力，创新地完成每一次写作。

二是文有常法。常法，就是文章之道，就是写作背后的规律和经验总结，从众多的实践中归纳提炼出来的，又被实践所检验了的。在写作当中，要有意识地感悟、捕捉和萃取这些规律性的东西，来更好地指导自己的实践，了解每一种应用文体基本固定的结构和行文特点，掌握写作背后一些基本规律方法，做到心中有数，来之能战。

三是文贵得法。知道了规律和方法，关键要活学活用，与具体的实践相结合，真正让这些好的经验方法发挥威力，经常学习总结、勤写多练，才能逐渐游刃有余，进入自觉甚至自由状态。

第八章
写作中要处理的若干关系

写作中会面临很多对关系，这些关系或属于辩证的对立统一，或者相互关联、相互影响，或是矛盾的主要方面与次要方面，处理好这些关系，有助于更好地认识写作中的一些关键问题，掌握写作的方法和规律。本章主要是介绍在写作中如何把内容与形式结合起来，处理好摆事实与讲道理的关系，把握好套路与突破，在日常工作学习中积累并运用以及注重文风与作风，等等。

一、内容与形式：恰到好处的匠心

对于写作来说，内容是最主要的，是文章的主体性因素，蕴含着文章的思想观点、论据素材和逻辑基础，是写作时需要关注和把握的重点，与内容相应的是形式，没有不依靠一定形式而存在的内容，也没有脱离内容的形式。

内容与形式之间的关系是这样的：内容决定形式，形式服从于内容表达的需要；内容对形式具有先决性作用，有什么样的内容，很大程度上制约和影响了形式的选择与使用；形式对内容具有反作用，好的形式能够增强内容表达的效果。

写作中的形式包括文种形式、格式体例、结构方式、表达方式、修辞方式等，有些是比较固定的，选择的空间不大，如文种和格式，是外在形式；有些形式是可以灵活掌握的，如结构方式，是内在思路。在服从和服务于内容、有助于内容表达的前提下，选择最恰当的形式，体现的是匠心，能使内容与形式相得益彰，实现完美结合。

如前面所说，结构是文章的组织方式、排列次序和内部构造，即通常所说的谋篇布局。结构的作用在于，将文章中各个要素通过合理的方式联系到一起，进行梳理摆布，使之排列有序、主次分明、一目了然。在形成观点、有了材料之后，还不能成其为一篇文章，必须按照一个内在的脉络，井然有序地组织在一起，构成一个有生命的整体。

文章结构通常被划分为六个组合要素，即开头与结尾、层次与段落、过渡与照应。但在写作实践中，这六个结构要素的组合方式常常发生变异，要么不需结尾，要么篇段合一，要么层次简单化，要么做细密的层次分割，凡此种种，不一而足。显然，这是由于文章具体内容不一样，目的与意图不一样，在思考文章结构时，需要与之相适应。

掌握了文章的不同结构方式，在写作中以根据实际情况灵活使用。一般而言，一些内容比较单一的文章，在长期实践中形成了固定的结构。但对于内容复杂的文章，结构上的变化较多，就需要根据主旨和材料来具体确定。如何安排好结构呢？除了前面章节已经论述的要领之外，再重点讲讲要把握好的三项原则，即层次清晰、段落衔接、内容照应。

第一，层次清晰。所谓层次，是指文章组成部分的顺序安排。安排层次要注意做到突出主旨，顺序合理，避免交叉，清晰有序，眉清目秀。在层次的安排上，一般有以下三种方式。

一是总分式。即先总后分的形式。开头作总述或综述，接着分别叙述有关事项，最后小结或提出要求。总分式的具体内容安排是：开头对全文内容作总的概括，或简述有关事项的根据或缘由；之后重点分述各有关事项，根据前后、因果、重轻顺序，平行并列叙述；结尾用强调式、升华式、号召式、无尾式或惯用语结束。这种形式在公文中使用比较普遍。如请示、决定、意见、指示性通知、会议通知、综合性报告、议决型会议纪要等常用这种形式。法规性公文也基本属于这种形式。

二是递进式。各层次内容层层推进，前后层次有一定关系。递进关系有多种多样，如由表及里、由点到面、由浅入深、由感性到理性等。专题报告、情况通报、工作总结等常用这种结构形式。总分式的分述内容有的也用这种形式。

三是时序式。也叫贯通式，即按事物进程、时间推移来安排结构。叙述的内容如果是一个完整的事件或过程，可用这种形式。此种结构形式常用于情况报告、事故报告、调查报告等。

第二，段落衔接。所谓段落，就是文章结构的基本单位，也叫自然段。它一般小于层次，往往几个段落才构成一个层次，有时也等于层次，即一个段落就是一个层次。衔接指的是层次之间、段落之间的连接和转换，起承上启下的作用。

段落划分和衔接要把握以下几点：一是在段落划分方法上，可以按中心意思（主旨）、条项内容（同类事项、问题、观点）、事物发展阶段等来划分，具有相对独立性的部分或过程中的具有相对独立性的阶段划为一段；二是每个段落应准确、简洁地表达一个完整的意思，避免内容零散、杂乱；三是段落之间的组合要有序、合理，注意上下段落间的联系，避免出现逻辑上的跳跃和断层；四是段落应长短适度、匀称得当，不能过于冗长、累赘，特别是请示和法规性公文的段落要力求简短、清晰。

文章的衔接需要运用过渡手段，做到各个部分之间前后连贯，气脉相承，通篇浑然一体。过渡常见于行文中两层意思之间、总述与分述之间、叙述与议论之间的转换，一般采用关联词、引文、小标题、序数词等进行过渡。

常用的过渡方式有：过渡词，如“综上所述”“由此可见”等；过渡句，如“特作如下决定”“现将有关情况报告如下”“提出意见如下”等；过渡段，如“根据上述情况…… 为此，特请示如下：”

第三，内容照应。照应就是正文内容的前后呼应和互相观照，以加强文章的前后内容联系，增强整体感。常用的照应方法有三种：题文照应、前后照应、首尾照应。

题文照应是写作的基本要求之一，要做到这一点，关键是标题要揭示主旨，内容要紧扣标题，即通常所说的题文相符，不能“离题万里”。前后照应就是前面说的内容后面要有着落，后面写的事项前面要有交代。比如，前面提到的问题，后面应该有相应的解决办法和措施。首尾照应就是首尾遥相呼应，引起读者的思索和回味。

一篇好的文章，如何安排好结构，使各内容要素之间相互协调、统一呢？需要把握以下几个方面的原则和方法。

第一，本着为主题服务的原则来安排结构。材料、结构都为主题服务。在构思谋篇上，围绕主题进行布局，使各个环节紧紧围绕主题展开；在材料选用上，精心挑选能突出主题的材料，对重点体现主题的部分，需论证充分、说理透彻。抓住写作重点后，再统筹考虑全文的结构，对整篇安排哪几个部分、各个部分的先后顺序及详略、层次与层次之间的过渡、各部分之间的照应、材料选用等进行谋划，在行文时做到疏密有致、言之有据、论证有理、连贯通畅。

第二，根据事物发展的内在规律及逻辑关系来安排结构。写作时要反映客观事物固有的规律，按照事物发展的进程，有层次、有条理地加以说明和阐述。按照前后有序、环环相扣、层层递进的方法来安排主体结构，表达的意思才能层次分明、简单明了。

一般而言，可以按以下方法来安排结构：一是按照提出问题、分析问题、解决问题、制定措施、得出结论的顺序；二是按照时间的顺序；三是从现象到本质的顺序；四是由简单到复杂、由局部到整体的顺序；五是由起因到结果的顺序。

第三，根据不同文种来安排结构。文种不同，一般其结构也不一样。比如，请示一般采取“提出问题—分析问题—提出解决的意见和建议—请求批准”的形式；通知一般采取“告知目的—告知事项—执行要求”的形式；工作报告一般采用“背景概述—总述—分述具体做法、体会、经验等—存在问题和今后的打算”的形式。

二、摆事实与讲道理：用事实成就雄辩

领导干部所写的文章，很多本质上是一种论说文，以阐明观点、讲清道理、获得认同、推动工作为目的，这种写作手法以说理为主，既要言之有物，也要言之有理。但讲道理不能是干巴巴的，还得有事实作为论据和支撑，从事实中提炼和浓缩观点，从而做到论从事出，片言为典。这样得出的观点才是有说服力的。

文章当中光有事实没有观点，就是一堆散乱的材料。如果搜罗堆砌了很多案例素材，但提不出有价值的观点，就不能给人以启发。但如果光有观点主张，没有事实来加以佐证，文章也难以立起来。要是通篇讲

道理，但不能结合实际用事例来论证，也难以说服人，反而让人觉得是空话套话。

只有事实和观点很好地结合，才能达到预期的目的。两者的关系在于，表达观点是目的，事实是手段，所以提倡的是，用事实成就雄辩。观点的启发性和说服力，既取决于论点表述是否一语中的、透彻明了，也取决于使用事实是否高明。只有把这两个方面组合运用到位了，让人听了心生认同甚至折服，才能称得上雄辩。

比如，战国时期秦国李斯的《谏逐客书》，就是劝说秦王嬴政要重视人才。它在用事实成就雄辩方面堪称典范。开头一句话“臣闻吏议逐客，窃以为过矣”，用非常警醒的言辞开宗明义，也是全文的中心论点，随后用大量的事实展开了有力论证，对事理的论说充分深刻，令人信服。这篇文章虽然是文言文，但写出好文章的道理是古今相通的。

如何摆事实、讲道理，我们要把握好三个方面的原则。第一个原则，要言之有理。理就是道，就是规律和逻辑。顺理才能成章，失去了理的支撑，不仅做不到以理服人，还会导致在实践中碰钉子，造成工作被动的局面。第二个原则，要言之有据。理论的正确、观点的有力，都要靠充分的论据来证明。组成文章的每句话、每个段落、每个观点都要有事实依据，这不仅仅是现实素材的堆砌，也包括符合逻辑的推导和论述，这样的文章才务实可靠。第三个原则，要言之有物。就是要立足现实，切合实际、符合实情、切合常理，提出正确的思路、方法、措施，为辅政打下扎实基础。

从内容要素的角度来看，文章当中支持论点的论据分两种：事实论据和理论论据。

第一种是事实论据。事实论据是指事物的概况和原委，包括具体的事实、案例和数据的报告等。各种事务性文书的写作，往往离不开事实论据的运用。例如通报，需要陈述相关的事实作为表彰或批评的依据；写请示时，要陈述清楚请示事项的缘由。而写领导讲话这样的综合性文稿，就更离不开事实的有效运用。可以说，事实论据运用得好，是观点表达也就是雄辩的重要基础。

运用事实论据，一要真实。要尽量占有第一手材料，如果是间接材料，就得反复核实。内容一旦失真，写出的东西就是垃圾，甚至是毒瘤，会给决策造成失误，贻害无穷。实践中，这种“事实”失真的情况并不少见。比如报喜不报忧，数据注水等，包括一些写先进人物的典型材料，不顾事实地把人物无限拔高，既不符合客观情况，也让人无从学习。

二要准确。真实与准确并不完全等同，有时候讲的一些事实都是真实发生的，但由于选择的角度或者内容的详略比例不对，就会导致以偏概全、流于表面等情况，不能准确地反映事物的真实全貌。要做到准确，要求写作者既有较好的语言表达能力，还要有较强的认识能力。

三要典型。能够证明观点或结论的事实往往较多，但不可能都写，这就得加以甄别和筛选，用那些能够揭示和反映客观事物本质特点和内部联系的事实。典型能起到以点带面的作用，泛泛地用几个事例，不如一个典型事例有代表性和说服力。

四要切题。事实论据的运用要与观点有机结合起来，切合题旨。如果缺乏针对性，哪怕再好的论据和事实，也不足以说明特定的主题，阐明想表达的观点。

第二种是理论论据。理论论据是论据体系的重要部分，主要包括：经典的理论观点和论述、党的方针政策和国家的法律法规、科学定理公理、会议的决定决议以及名言、格言，等等。理论论据的特点在于，它是被前人论证过的，或者具有权威的“背书”，某种程度上是不证自明的，恰当地使用理论论据可以增强文章的说服力。

理论论据并不是用得越多越好，需要注意把握几点：一是融会。援引经典著作里的话或其他理论论据时，首先得完整地准确地理解和把握它，而后才能加以运用。如果不明白它的出处、来历和背景，从字面意思出发随心所欲地引用，就容易断章取义或者牵强附会，那就适得其反了。

二是得体。运用时需要考虑行文的特定情况和语境，服从证明观点或结论的需要，恰当引用，使它衔接自然，勾连紧密，表达妥帖。如果生拉硬扯，乱贴“膏药”，就会造成文章表意的断裂。

三是适度。能够说明问题即可，而不能喧宾夺主，贪大求全，如果一味地照搬套用，让人觉得是在卖弄“学问”，就令人生厌了。

三、套路与突破：化繁为简

很多人都说，写作有很多套路，所以没什么难的，只要学习掌握套路，按照套路来就行。我们怎么看这个问题呢?

首先我们要认识到，套路是一种客观存在，其实是一些方法技巧的经验总结和抽象化，也是共性写作规律的凝练，所谓大道至简，就是把复杂问题简单化。

比如《党政机关公文处理工作条例》规定的十五种法定公文，每一种都有相对固定的格式，其实就是一种套路。对于这些规范化、程式化程度比较高的文种，要按照格式要求来写作，其实就是学会这些套路，而且只要花一些时间与精力，就能够较为轻松地掌握。这也是学会写这一类公文的必经之路和有效方法。

人的很多知识和本领是靠模仿获得的，比如说话、走路、书法、绘画等。在学习公文写作过程中，模仿借鉴同样是很好的方法和便捷的途径。公文有许多固定模式，初学者可以先从模仿起步，逐步掌握这些基本要求，并在实践中反复使用，做到熟能生巧。

初学者结合模板与例文来学习公文特别是法定公文的写法，其实也是对套路的学习。比如，要学会通知的写作，可以首先采取模仿的办法，收集上百份通知，按任免通知、会议通知、培训通知、工作通知、文件转发通知等进行分类，按照类别进行集中的仿写训练，写完后进行对比分析，找出不足，不断改进。

再往后学习写会议纪要、汇报材料等，也都可以采用类似的方法。在模仿学习中逐渐就会发现，每一种公文文种都有自己独特的套路，只要用心观察和分析，就能将每一种文体的写作方法烂熟于胸。

世界上所有的工作可以分为两种：一种是模仿性的工作，就是有一定的程序、模式或成熟的样板可以遵循的工作；一种是创新性的工作，就是主要靠发挥创造性劳动完成的工作。这两者之间是可以转换的。对于不熟悉的工作，通过模仿借鉴熟悉了基本套路之后，再静中求动，在不变中求变，遇到新情况，再积极发挥主观能动性，探索新的模式，掌握了新方法之后，又把它转化为固定程序和套路。这样循环往复，实际上是一个不断从模仿到创新的过程。

但不要对套路作庸俗化的理解，认为就是照搬照抄、千篇一律。模仿不是抄袭，更不是简单地复制粘贴，而是要在套写和模仿中摸索门道。有人把套路的作用夸大了，甚至说什么“套路在手，万事无忧”，过分夸大套路的作用，就变得庸俗化，也变得低层次了。

从本质上说，套路是形式的范畴，形式要为内容服务，不能颠倒过来。如果不考虑实际内容表达的需要，不能做到因时因地因文制宜，完全被这些套路所束缚，那就落入了窠臼之中，不但让文章显得没有生气，给人千篇一律的感觉，写作者也就沦为文字匠了。

法定公文套路性更强一些，而领导讲话、工作总结、调研报告、信息简报等事务性公文，以及其他各类文体，更具有灵活性与创新性，写作难度也更高，总体上来说相对更复杂一些，但也有一些写作的基本规律，常用的构思方法和一些约定俗成的结构特征，也可以把这些理解成套路。

但要想写好这一类文章，掌握这些套路是远远不够的，因为一篇文章往往都会涉及方方面面的知识，要对一些专题进行深入的研究，才能提出好的观点，写出新意。这个时候，光有套路的“武器库”“工具箱”还不够，还得有“思想库”“观点库”才行。

对初学者来说，可以选择一些范文精心研读，揣摩它的思路及语言风格，细心体会如何谋篇布局、把握它的形式特征，观察体会经验丰富的同志从立意构思到谋篇布局，到起草和修改的全过程，领悟每一处细节。

文章无定式，内在有章法。每一种文体都有独特的写作规范和相对稳定的行文格式，同时又不能机械套用，照搬照抄，把所有的东西写成八股文。

套路的真谛，在于让我们学会把复杂问题简单化，掌握方法，抓住规律，提高效率。所以对于套路不能做机械的、形而上学的理解，理解了套路但又不局限于套路，就能达到更高的境界。套路是相对的、暂时的，创新是绝对的、永恒的。所以不要从术的层面去理解套路，而要从道的层面去理解和善用套路，把寻找套路、总结套路作为一种思维方法，一种提高思维效率的途径。

怎样才能善用套路，做到得法呢？一要善于借鉴。古今中外的政治家、思想家、文学家和许多优秀文字工作者，都注意学习借鉴别人的成功方法和经验。借鉴有利于在比较中完善形式，在积累中深化内容，在选择中甄别质量。善于借鉴，能帮助我们开阔思路、拓宽视野，站在巨人的肩膀上取得成功。

二要注重消化。消化的过程就是认真研究、仔细琢磨的过程。吃透上级精神，分析现实情况，借鉴别人经验，都要注重消化吸收。这有利于变生搬硬套为融会贯通，变一知半解为胸有成竹，变囫囵吞枣为含英咀华。

三要大胆创新。创新是一切事业发展的动力，写作也不例外。所谓“兵无常势，水无常形”“文不按古，匠心独妙”。有的文章平淡无奇，像白开水，其实是创新不够，缺乏体现时代性、把握规律性、富于创造性的东西。可以说，创新求变，是提高文章质量的重要前提，打破老生常谈、墨守成规的思维定式，才能使文章新风盎然，读起来有滋有味。

四、积累与运用：厚积而薄发

写作能力的提升不是一蹴而就的，需要持续的积累，积累的过程就是从量变到质变的过程，厚积才能薄发。

1. 要广泛积累，建好“仓库”

积累重在平时。包括读书要做笔记，要建立个人资料库，真正把积累作为基础工作，做深、做细、做实，做到需要什么材料知道往哪儿找。

积累的范围是很广的，一是知识资料的积累。知识资料的积累包括理论知识、专业知识和各种社会知识。还要注意储存本单位的材料，随时随地收集，把情况积累多了、了解透了，才能在写的时候有的放矢，挥洒自如。储存文献材料，就是国家的一些重大决策部署和政策法规文献，这些是写作的依据，可以有所侧重地搜集和储存。

二是能力的积累。能力的积累主要是指写作所需要的组织能力、协调能力、沟通能力、写作能力、思维能力等。

三是方法的积累。方法的积累主要是写作一些必备的方法技巧，也包括借鉴别人的或者自己琢磨的一些有用的方法。

四是观点的积累。无论是从各种评论中看来的，还是自己思考来的，多一些认识，攒一些想法，对一些问题形成自己的见解和独特看法。养成随手记录的习惯。把自己一些好的观点、思想火花、思想成果记录下来，形成自己的思想库、灵感篮。

五是语言的积累。生动的语言、精彩的语句、凝练的说法、一些“提神”的话，这些平日里的积累，总会用得着。

六是范文的积累。注意留存和整理党报党刊上的一些理论文章，上级的一些好文稿，以及一些高手出手的文章，这些往往在思想观点、篇章结构、行文表述上都有值得借鉴之处。

这些积累最终会带来信心的积累，从最初不知所措，到越来越得心应手，直至游刃有余，甚至进入自由境界，这就是在一次次磨炼当中积累了信心，增强了底气。

储备积累的方式也有几种：一是日常储备。就是要多看多想多记，形成自己的观点库、素材库，分门别类，备不时之需。

二是专题储备。就是围绕自己关注的一些专题，进行有针对性的资料储备。采取的方式可以多样，记笔记、存电脑里、手机里都可以，根据各自的习惯。

但是，每个人能记住的东西毕竟是有限的，不用强求把什么都装在脑子里，更重要的是，在需要什么东西时，知道往哪儿去找。所以要广泛浏览，看一些好的书籍报刊和网络资源等。

三是临时储备。就是计划外需要临时突击准备的，这时候强大的网络搜索能解决很多问题。网络搜索要精准，设定好关键词。而且，也不是搜索的东西都能用，要去粗取精，也不能照搬照抄，要消化吸收改造。

2. 要四处浏览，练好“眼神”

要成为一个“有心人”，处处留心看究竟，在别人习以为常的地方多看多想，不光“看热闹”，更要“看门道”。

一要“盯世界”。把握本领域工作的世界发展大势及其对本地区、本领域工作的影响。二要“盯中央”。及时学习党和国家的最新部署，找出其同本领域工作关联性的指示精神。三要“盯上级”。弄清楚同自己关系密切的相关部委、上级部门有什么行动和举措。四要“盯自己”。熟稔本单位和所属各单位有什么工作举措和进展。五要“盯各地”。看看有什么典型性做法、创新型经验。这几个方面都看了，收集的资料就会比较全了。

3. 要分类施策，用好“抽屉”

针对不同特点的工作，采用不同的方法，学会选择、学会分类、学会取舍、学会运用。

对于常规性的工作，要多浏览已有资料，详细掌握工作的情况，多调研，多收集素材，多思考，花点精力去掌握一个事情的前因后果、历史脉络、最新变化，做到心中有数。

对于创新性的工作，要通过平时的积累和对工作规律的探索，不断提升被动状态下主动做好工作的能力。要养成资料收集整理的习惯，分门别类建立资料库，确保在需要时能迅速找得出、用得上，力争把创新性的文章写得匠心独运、别具一格。

对于紧急性的工作，心中要时刻装着一个预案，始终处于“备战”状态，特别对某一时期的重点工作，要时刻保持深入全面的了解，需要时能从容应对，确保各项工作紧而不松、忙而不乱，力争把时间要求紧迫的文章写好，彰显扎实的功底。

4. 积累的软技巧

积累既要持之以恒下硬功夫，也要运用一些软技巧。第一，有备无患，备足“锦囊”。写作当中有很多被大家所证明的行之有效的方法，也有一些实用性的知识技巧，是工作的“锦囊”，这些都要多积累，多掌握。

比如，有一些常用的分析研究方法，分范畴研究法、解剖麻雀法、对比分析法、情境假设法等，以及归类、比较、提炼、沙盘推演等方法，都应该逐一掌握，在工作中针对具体的问题选择合适的方法。比如，有一些有用的思维工具，思维导图、系统循环图、金字塔原理、MECE 原理等，都应该熟练掌握运用。再如，不同文种的基本格式，常用的开头与结尾方式，主要的结构方式，标题制作方式，这些“锦囊”性的素材可以选择好的加以保存。

第二，学会检索，做好知识管理。在信息化和知识爆炸时代，要充分运用信息网络的特点和优势，创新学习和积累知识的方式，学会建立知识索引，知道到哪里去找东西，学会使用数据库获取海量信息，更要有对知识信息的整理加工能力，避免淹没在大量的信息中。这就要善于利用电脑和网络。

有的人有一个观点：把记忆让给电脑，把思考留给自己。注重积累并不是说什么东西都要往脑子里塞，只要知道互联网里有哪类素材、如何搜索的就行了。把记忆留给互联网，才能有精力多做一些积极的思考。

第三，善于借力，用好“外脑”。一些新的命题，新的事物，从来没有接触过，过往也没有刻意参考依照的，这时最好的方法是学会借力，借助“外脑”来完成文章写作。一些文章对专业理论知识要求比较高，如讲到经济工作，了解面上的情况，懂一些基本的经济学原理还不够，还需要理论的深度，这就可以求教于经济学家。

有时写作中涉及最新概念和前沿理论，把握不住、理解不透，缺少发言权。遇到这些力所不及的情形时，可以将各类智库、专家学者的力量充分利用起来，将方向把握好，将问题提出来，交给有研究、有造诣的人来解答。然后把他们的智慧和研究成果为我所用，吸收借鉴，转化为稿子里的营养。

5. 运用

积累的目的在于运用。有的人积累了很多资料素材，但都是一时兴头，过后既不知道自己积累了哪些东西，也不知道需要时该去哪儿找和怎么用。光积累不用，等于白忙活。

我们都有一种感受，只有自己亲身使用过、经过自己的头脑消化过的东西，才能留下深刻印象，也就是把外在的知识内化成为自己知识结构的一部分，可以称为“公有知识的私有化”。只有这样，积累的东西才会变成自己的。

在积累的同时，我们还要特别注重总结，写完一篇大的东西，或者一个阶段后，要认真复盘，总结经验得失，摸索方法规律，这样才能不断提升。积累是量的累积，是感性知识的叠加，而总结能带来质的跃升，实现理性认识的跨越。

运用和总结，这也是一个持续积累的过程。可以从几个方面入手：靠广博，从广泛学习中寻找事物的共性、规律；靠顿悟，用心去感悟，从一团乱麻中理出头绪；靠熟练，熟能生巧，最终如庖丁解牛一样驾轻就熟；靠借鉴，参照别人的成功经验；靠实践，在实际工作中消化运用，从分析总结中完善提高。

讲到积累，有两句话：第一句话是“功到自然成”，就是平时要不断地学习、不断地积累、不断地思考、不断地历练，来提升我们的思想水平。第二句话是“功夫在诗外”，更多是通过我们触类旁通、融会贯通来培育独到的思维习惯，通过知识的系统性、关联性来触发想象和灵感。

除了掌握写作本身的知识外，最重要的诗外功夫还是要靠读书学习得来。常言道，“腹有诗书气自华”，要写出好的文章，需要具备与时俱进的政治能力、全面扎实的文字功底、科学辩证的思维方法、胸怀大局的高远境界、厚积薄发的文化底蕴和求真务实的文风作风。所以要做大量学习和积累的工作。

所有的高手、天才，其实都是学习训练出来的。领导干部要树立终身学习的理念，把学习当成一种习惯、当成一种责任坚持下去，日拱一卒，持之以恒，才能日积月累，不断精进。但是光养成勤奋学习的习惯还是不够的，还要学会选择，不能什么书都读，一定要读真正经典的书，读一流的书，读那些被时间长河大浪淘沙检验过的好书，才是最有益的。

读书的目的是实践，所以要读得进去，还要跳得出来，不能死读书，当“书呆子”，也不能“掉书袋”，卖弄学问。除了读书，在处理事务、与各种人打交道过程中，只要自己留心，也能学到不少东西。世事留心皆学问，人情练达即文章。不但要向书本学习，也要向实践学习，还要向他人学习。

学习要和思考结合起来，真正把学习的内容消化好。网络化时代容易形成碎片化的思维习惯。越是这样，越需要真正沉下来冷静思考，独立思考，深入思考，对一些问题有自己的观点和看法。

这就需要树立问题意识，带着问题深入思考，这是一种有益有效的思考方式。某种程度上，文章写作虽然不是学术研究，但在对客观实际的思考和研究上，对事物规律的探究和辨析上，也需要带有研究意识和学术思维。

学术训练培养的是一个人的思维能力，包括提问的能力、综合分析的能力、提炼观点的能力、创新思维的能力等，这对做任何工作都是有用的。如果一个人做学问做得好，又善于学习新知识和进行转化，那么其写作水平也不会太差。

做学问除了建立知识框架，还有一个大前提就是必须懂得如何收集材料、占有材料、使用材料。马克思说：“研究必须充分地占有材料”，还有学者形容找材料要“上穷碧落下黄泉，动手动脚找东西”。写作也是这样，收集素材要下功夫。

在时间和条件有限的前提下，尽量能够找全、找准材料，多方式、多渠道收集，通过提问和调研等深入挖掘，日常储备与专题储备、临时储备相结合，这样才能做到成竹在胸。这和我们前面讲的多方面积累是一致的，有了足够的积累，才有思考和研究的基础，进而反过来促进积累的深化。

五、文风与作风：文如其人

“文风”，顾名思义，就是文章的风格和内涵，是作者语言运用的综合反映，进而言之，就是文章所体现的思想作风，或文章中某种倾向性的社会风气。

就个人而言，文风是作者的写作风格，个人风骨的体现，因人而异；就整体而言，它是一个时代文章的风尚和风俗，具有时代性、民族性特征，是社会上带有普遍性和倾向性的文章现象。

一直以来，文章大家和文学理论家都非常重视文风。南朝刘勰在《文心雕龙 · 风骨》中说：“意气骏爽，则文风清焉。”说的是作者个人风范与文章风格的内在联系；宋代韩琦在《欧阳修墓志铭》中称颂：“景祐初，公与尹师鲁以古文相尚……於是文风一变，时人竞为模范。”可见文坛领袖人物对文风的引领作用；清代冯桂芬在《重儒官议》中说：“行之数年，文风不日上，士习不丕变者，未之闻也。”更是将文风与士习（士林习俗，类似于今天所说知识界的风气）的转变紧密联系在一起。

我们党也历来重视文风，倡导良好的文风。毛泽东、周恩来、邓小平等在年轻时都曾经办过报刊、写过文章，用朴实有力的文风宣扬革命、唤醒民众，起到了良好的效果。

文风表面上是使用语言文字的作风，其实背后是工作作风和思想作风的体现，甚至直接关系到党风。毛泽东在《整顿党的作风》中说道：“学风和文风也都是党的作风，都是党风。”他还专门写作《反对党八股》的文章，讽刺那种“语言无味，面目可憎”的党八股文章，反对像“懒婆娘的裹脚布”又臭又长。

文风之弊，古已有之。中国古人深受八股文荼毒。封建时代，统治阶级把八股文作为禁锢思想的工具，这种文章形式异常烦琐，文人战战兢兢，小心避讳，怎么可能写出富有思想性的作品？形式决定内容的八股文不知消磨了多少文人的心血，同时影响了社会风气，僵化了人们的思维。

文风是一面镜子，可以照出一个单位的运行效率、一支队伍的战斗力，甚至是一个时代的精神风貌。今天，我们可以从唐诗的“大气磅礴”中看出唐代的昂扬，也能从宋词的“内敛温婉”中看出宋朝的保守。文风也是世风，清朝大兴“文字狱”，文风一落千丈，天下读书人“万马齐喑”，社会缺乏创新的活力，国力渐衰。直到白话文运动，整个中华民族的精气神才为之一振。

形式绑架了思想，创新就无从谈起，思想就更无从谈起。有什么样的思想，就有什么样的文风；反过来，好的文风又可以激荡出更多的新思想。在当前大力提倡创新的社会氛围中，迫切需要“意气骏爽”的文风给思想松松绑。

大家普遍发现，习近平总书记系列重要讲话总能给人耳目一新的感觉，说事实在，说理透彻，语言活泼生动。其实注意一下就会发现，这是他一向倡导的文风，他早年在《之江新语》一书中指出，好的文章就要“求短、求实、求新”，认为“文风体现干部的能力和水平”。

2010年5月12日，习近平在中央党校春季学期第二批学员开学典礼上强调了改进文风的问题。他提出：“当前，在一些党政机关文件、一些领导干部讲话、一些理论文章中，文风上存在的问题仍然很突出，主要表现为长、空、假。”这一论断可谓是针砭时弊，很有针对性，结合我们身边的情况不难发现，此类文风确实广泛存在。

长，就是有意无意地将文章、讲话添枝加叶，短话长说，看似面面俱到，实则离题万里。空，就是空话、套话多，照抄照搬、移花接木，面孔大同小异，语言上下雷同，没有针对性，既未触及实际问题，也没回答群众关切的问题。假，就是夸大其词，言不由衷，虚与委蛇，文过饰非，不顾客观情况，刻意掩盖存在的问题。

要解放思想，锐意创新，改进文风是必由之路。习近平提倡“短、实、新”的清新文风，真正使讲短话、讲实话、讲新话蔚然成风。

短——“删繁就简三秋树”。就是要力求简单明了、直截了当，要言不烦、意尽言止，观点鲜明、重点突出。

我们党历来提倡开短会、说短话、写短文。早在延安时期，毛泽东同志就对空话连篇、言之无物的文章深恶痛绝，专门写文章批判。受众总是希望用最短的时间从文中获得最多知识，因此，能够三言两语说清楚的事绝不能拖泥带水，能够用短小篇幅阐明的道理绝不能绕弯子。

“删繁就简三秋树”讲的就是这个道理，好文章有如三秋之树，秋风扫除了“多余”的细枝密叶，更凸显枝干的瘦劲秀挺。明代王阳明推崇文章要“鞭辟入里”“删削繁文”。鲁迅先生说过：“文章写完至少看两遍，竭力将可有可无的字、句、段删去，毫不可惜。”

当然，提倡短文章也不是说长文章就一概不好。内容决定形式，以把事情讲清楚、道理讲明白为原则，宜短则短，宜长则长，篇幅短说不明白的事情则可以长些。有内容、有见解的长文章也是受欢迎的。

《庄子·外篇·骈拇》有这样几句：“长者不为有余，短者不为不足。是故凫胫虽短，续之则忧；鹤胫虽长，断之则悲。”意思是说，长的东西并不多余，短的东西也不显得不足。野鸭子的腿虽然短，给它接上一截就不太合适；仙鹤的腿虽然很长，却不能给它截去一段。

毛泽东为人民英雄纪念碑起草的碑文，只有一百多字，其中还有四十多字是重复的，却写出了一部最简洁的中国近代史。

三年以来，在人民解放战争和人民革命中牺牲的人民英雄们永垂不朽！

三十年以来，在人民解放战争和人民革命中牺牲的人民英雄们永垂不朽！

由此上溯到一千八百四十年，从那时起，为了反对内外敌人，争取民族独立和人民自由幸福，在历次斗争中牺牲的人民英雄们永垂不朽！

实——“绝知此事须躬行”。就是讲符合实际的话不讲脱离实际的话，讲管用的话不讲虚话，讲有感而发的话不讲无病呻吟的话，讲反映自己判断的话不讲照本宣科的话，讲明白通俗的话不讲故作高深的话。

文章要力求反映事物的本来面目，分析问题要客观、全面，既指出现象，更要弄清本质；阐述对策具体、实在，有针对性和可操作性。实事求是，有一说一、有二说二，是则是、非则非，不夸大成绩，不掩饰问题。深入浅出，用朴实的语言阐述深刻的理论。有感而发，情真意切。

文章要写得实，一定离不开亲身体会，离不开调查研究，想方设法掌握尽可能多的第一手材料，减少使用第二手甚至第三手材料，也就是“纸上得来终觉浅，绝知此事要躬行”。

只有“躬行”才能“绝知”，只有“绝知”才能写出“实”的文章。毛泽东提倡写文章实事求是的基础是要认真进行调查研究，要从生活、从实践出发，真诚地表达自己的心里话。他在《反对本本主义》中提出“没有调查就没有发言权”的著名论断，强调“注重调查”“反对瞎说”“一切结论产生于调查情况的末尾，而不是在它的先头”。

新——“领异标新二月花”。就是力求思想深刻、富有新意。文章能不能写出新意，反映出一个文字工作者的思想水平、理论水平、经验水平以及语言表达能力。

这里所说的新意，既包括在探索规律、认识真理上有新发现、新认识、新提法，又包括把中央精神和上级要求与本地区、本部门、本单位实际结合起来，在解决问题上有新理念、新思路、新举措；既包括角度新、材料新、语言表达新，又包括文章风格富有个性、特色鲜明、生动活泼。

“领异标新二月花”。令人过目不忘的好文章就像是二月里的花，从不赶潮流、媚世风，而是自辟蹊径，一花引来百花开，创造出一片独领风骚的盎然春意。杜甫讲“语不惊人死不休”，也是在一个“新”字上用力。写文章最怕缺乏深刻的独立思考，而流为人云亦云，用各类陈词滥调东拼西凑、移花接木拼出来的文字，只会是一具冰冷的“尸体”。

需要注意的是，写出新意并不是刻意求新，甚至搞文字游戏，更不能背离客观事实和党的路线方针政策去哗众取宠，同时要注意“新话”的尺度。当今，互联网媒体中出现的所谓“标题党”，正是犯了脱离客观事实偏执于博人眼球的错误。

抗日战争全面爆发后，“速胜论”和“亡国论”甚嚣尘上，为了彻底批驳这两种片面言论，摆脱错误抗战路线的干扰，把全国军民思想统一到“持久抗战、夺取抗战最后胜利”的轨道上来，并为持久抗战提供科学的理论根据，毛泽东决定写一部论持久抗战的理论专著。

为了写好这部专著，毛泽东查阅了大量资料，拟定了详细的写作提纲，然后集中精力写作，从 1938 年 5 月上旬开始，仅仅用不到十天的时间，五万字的军事理论著作《论持久战》就完成了。毛泽东在《论持久战》中创造性地分析了中日双方相互矛盾的四个基本特点（即敌强我弱、敌小我大、敌退步我进步、敌寡助我多助），作出了中国不会灭亡，也不能速胜，只要经过艰苦、持久的抗战，最后的胜利一定是属于中国的正确结论。

他还创造性地预见到抗日战争必将经过战略防御、战略相持、战略反攻三个阶段，强调“兵民是胜利之本”，创造性地指出抗战胜利的唯一正确道路是实行人民战争。《论持久战》一问世，就在国内外产生了重大影响，并得到了国民党上层和国际人士积极的响应和高度评价，更成为中国共产党领导抗日战争的纲领性文献。

《论持久战》之所以成为经典，最突出的地方在于它是一部具有超前认识的创造性著作，提出了以深刻、科学的哲学分析为基础的创新预见，并被后来的抗战实践充分证明了其完全正确性。今天重读《论持久战》时，会发现与抗日战争的历史完全对应，甚至可以说是抗日战争的总结报告，足见毛泽东的战略才华非同寻常。

六、工作与写作：文从事出

我们反复讲，文章是对客观实际工作的反映。所以，写作不能仅仅停留在“写”上，而是要以对实际工作的了解、研究、分析为前提，在此基础上提出正确的工作主张，通过文字把谋划思考的结果转化为文章。

写作中要处理好工作和写作的关系，坚持文从事出的态度，没有了实际工作的支撑，写作就成了无源之水、无本之木。从某种意义上说，“写”只是最后一个程序，在写之前还有几个前序性工作。

1. 要研究清楚了再写

写作者要牢固树立“研究者”意识。某种程度上，领导干部比研究人员更需要搞研究，因为这是正确决策的需要，如果对问题没有深入研究而草率决策，造成的破坏性后果比研究人员要严重得多。

在写文章前，一定要对有关问题进行深入研究。如果只是写简单的通知、函、会议纪要，研究单项的、具体的问题就够了；如果是写理论文章、大型的报告、综合性文章，则要对全盘工作做深入、细致、全面的研究。

研究的内容包括：一是研究本部门本单位的职能、职权、职责，将应该做什么工作、可以做哪些工作研究透。

二是研究本单位的历史，至少是最近五年的历史，深入了解已经做了哪些工作，有什么问题和不足，有什么需要改进的地方，有什么固定的工作模式和行之有效的工作，还要了解哪些是经常性、常规性、持续性工作，哪些是临时性、紧急性工作。这些可借助《年鉴》、本单位本部门的各种资料汇编以及机关历年的内部刊物获得。

三是要研究本单位本部门的工作规划、工作安排、工作要点。

四是要研究本单位本部门的运作机制，掌握本单位是怎么开展工作的，如本单位的内部机构、二级单位、指导单位的运作情况，以及单位的工作制度，如办公会议、党委会、常委会、全会、代表大会召开的频率和主要议程，以便提前收集相关资料和素材。

五是要研究上级机关对本单位工作的要求、指示、批示，弄清上级机关希望本单位本部门怎么开展工作。这可以借助于上级单位下发的文件以及主办的网站和刊物了解，也可以通过上级单位领导人的讲话了解。

六是要研究外地兄弟单位和部门的工作情况，看看别人是怎么做的，了解外地工作进展情况，看看外地工作是否有所创新，是否有可以借鉴的先进经验。

进行这些研究之后，写作就有了基础，写起来就会驾轻就熟，且立意会比较高。

对问题思考的高度和深度，决定了写作的高度和深度；对工作的关注度、融入度，决定了文章的适用度和瞄准度。围绕问题，特别是中心工作、主要问题、重大问题来进行构思和写作才能把握大局，站位全局，才能把话说透，把问题点准，把带有规律性和根本性的东西揭示出来，写出的文章才能切合实际，真正解决问题。

2. 问到点子了再写

写作要坚持问题导向，善于提问。我们常说的问题意识，就是一种提问题的能力，是一种主动思考的思想准备。树立问题意识，就是要善于发现问题、提出问题、直面问题、研究问题、回答问题，积极推动问题的解决。

爱因斯坦说："提出一个问题往往比解决一个问题更重要。"因为解决一个问题也许仅仅是一个数学上的或试验上的技能而已，而提出新问题，从新角度看旧问题，却需要创造性思维。

心理学研究表明，意识到问题的存在是思维的起点，没有问题的思维是肤浅的思维、被动的思维。问题意识在思维过程中占有非常重要的地位，是培养思想力和创新精神的切入点。一个有问题意识的作者，在写作构思酝酿过程中，会产生解决问题的需要和强烈的内驱动力，驱使个体积极思维，不断提出问题和解决问题。

问题意识决定文章的研究方向和研究深度，是对写作者思想力和理论功底的真正考验。没有问题意识，就难以找到表达的突破口，即使找对了问题，也可能浅尝辄止。严格来说，写每一篇文章都应该或者能够提出一个重大而现实的问题，或者回答一个问题。可以说，写作者没有问题意识，本身就是大问题。

问题意识的树立，离不开学术意识和怀疑精神。学术意识，就是把写作的议题当作学术课题加以研究，始终保持一种旺盛的求知欲，运用学术研究的基本方法，促使自己不断地从问题出发寻求答案，为了解决问题而欲罢不能，而不是为了写而写。

怀疑精神是一种创造性思维。古人说："小疑则小进，大疑则大进，无疑则不进。"这里的"疑"，就是在提倡怀疑精神。怀疑精神是问题意识的前提，只有不人云亦云，敢于独立思考，不盲从，才能见人所未见，才能提出有价值的问题。

3. 调查研究到位了再写

调查研究既是一种实践的方式，也是一种交流的方式，更是一种思考的方式。从思考的角度，调查研究要做到动脑动口动手。

写一篇好的文章，没有调查研究是不行的，既要调查，也要研究，在掌握足够多具体生动、真实客观的第一手材料基础上深入分析，从感性认识上升到理性认识，观点和结论才坚实可靠。

没有调查研究作为支撑，写作就容易变成闭门造车，往往不接地气，不符合实际情况，对很多情况的把握可能就有偏差。光靠从文字到文字，与实际工作就会越来越远。调查研究要注意几个方面。

第一，善于动脑。调查研究是艰苦的脑力劳动，是开放性、探索性、创新性的思维活动，既要有突破固有成见的勇气，也要善于开动脑筋，讲究方法，进行科学思维。

比如，看问题不仅要看正面，更要注意反面，进行逆向思维。在众口一词的环境中，要捕捉其中的差异，常常是表面的细微差距，反映了深刻的实质矛盾。在了解情况时，不仅要找亲历者，还要找旁观者；在制定政策时，不仅要听受益者的意见，还要听受损者的意见，且更要重视受损者的意见。要从众多常见的现象中捕捉新生事物的萌芽，从微小的征象中找到真实的、有生命力的东西。

第二，敢于动口。就是敢于提问，敢于一针见血地把问题挑明，敢于讲出自己的不同看法与对方讨论。

在调查时如不敢提出疑问，不敢追根究底，不敢和对方深入探讨，就难以搞清事实、抓住要害、理清头绪；在研究问题时，如不敢畅谈自己的见解，不敢发表不同意见，不敢和老同志、领导同志面对面讨论、争论问题，就难以发挥作用，也失去了绝好的学习机会。要解放思想，消除顾虑，学习“打破砂锅问到底”的精神。

第三，勤于动手。勤于收集，在资料和信息的收集、整理上，要尽可能广泛、全面、实在，特别是一些基础材料，要尽可能做到有备无患。

勤于记录，记重要的资料线索，记调查中的问答，记研究中的各种意见，通过记笔记，强化记忆，强化分析和归纳，使思考更深入、头绪更清晰。

勤于写作，写作的过程其实是思考提炼的过程，是分析归纳的过程，是运用文字准确精练地表达思想的过程，不下苦功夫就想写出好文章的浮躁思想是要不得的。

4. 想好了再写

写作的关键不是技巧、文字水平，而是对事实、对资料的价值判断力，这就需要系统而艰深的思考。

往往一个命题，最不缺的就是各种各样的资料，最应该做的就是从这些海量的看似再寻常不过的字句、观点中，把最有价值、最有内在张力、最有改造拓展空间的部分敏锐地识别、提炼出来。通过外在形式的重组、内在逻辑的重构，成就文章的立意之新、表述之新，以及形式之新。

所以写作中，“想”的功夫下了还是没下，下到了还是没下到，效果大不一样，过程体验也绝不一样。尚未动手便认真思量，看似比立马开写耗神费力，其实效率质量更高，是一种事半功倍的做法，是“好钢用在了刀刃上”“磨刀不误砍柴工”。与之相反，匆忙上阵，仓促动手，前面不费事，后面则要费大事。

一般来说，长周期的文章，时间相对充裕，有条件在思考谋划上多下些功夫，但还是要强化“想好了再写”的意识，不要因为时间够用，就一遍一遍地写、一遍一遍地改，这样很容易陷入低层次重复的怪圈。

而对短周期的文章，或许没有那么多时间调研，但进行头脑风暴的活儿不能少，大家一起讨论，或者安排座谈调研，请一些专家学者一起讨论。

还有一种更极端的情况，需要一晚上甚至几个小时就拿出文章来。这时也不能慌张，甚至更需要坚持“想好了再写”。时间越紧，越要想明白、拿得准。因为写出来后已没有调整修改的时间。有时遇到这类急用的文章，倒逼着自己去想，大脑快速运转，往往还能急中生智，冒出些火花来。

当然，思考的功夫最好下在前面，如果再往前延伸一些去理解，就是功夫下在平时。没有平时看似不经意的积累，等到急用的时候，就会巧妇难为无米之炊。

具体来说，得出有深度思想观点和有价值的判断，要做到以下几点。第一，基于事实归纳进行分析。不能从迎合时髦的概念、精心过滤后的汇报、道听途说的信息出发，去分析实际存在的问题，而应从未经别人加工的原始材料着手进行剖析，从大量鲜活生动的现实事例入手搞好提纯，努力把掌握的情况归纳清楚、总结到位，使之成为经过理性分析和研究的有用素材。

第二，经过独立思考作出判断。要通过自身深思熟虑，作出抓住本质、符合实际的正确判断，防止拾人牙慧，避免人云亦云；要通过检视所有素材，作出抓住主要矛盾的矛盾主要方面的客观判断，分清主次，防止先入为主，避免以偏概全；要通过自己审慎分析、严谨思考，作出抓住特征、把握特点的清晰判断，防止盲从草率，避免简单武断；要从艰苦扎实的理性分析中，得出经得起各方追问的有力判断，为写好文章打牢基础。

第三，排除干扰深究确证结论。敢于排除权威之定见干扰，勇于提出合理建议，拒绝强加观点；敢于排除源自经验之成见干扰，勇于挑战陈规陋习，拒绝固守既往定论；敢于排除来自喜好之偏见干扰，勇于摒弃私利纠缠，拒绝拘泥本位发声，力求结论中包含更多的理性认知。

第九章
写作中常见的困惑

很多人在写作中会遇到一些常见的困惑和问题，本章对这些问题做一些梳理，并加以解答，以图解决大家共同的一些困惑。

一、如何持续提升

客观地说，写作入门门槛并不高，具有一定读书写作能力的人都能承担，但如何不断提升能力，还是困扰很多人。要做到这一点，需要处理好两个关系，抓住一个根本。

1. 学与习

写作本身的方法技巧相对容易掌握，而写作背后所需要的知识和能力则需要不断学习。学习首要的方式是读书。写作者要立志成为“杂家”“通才”，脑子里装的东西越多，底子就越厚。

追求广博的同时，还要做到有所专精，特别是对所在行业和领域要有所研究，对一些问题有自己的见地，尽可能成为专家。写作还需要思想力的支撑。提高思想力最好的途径是要善于与智者“对话”，多研读经典原著，从中汲取营养来提高修养，增强思维能力。

学习是增长知识最有效的途径，但光学不行，还得勤加练习，把学到的知识有效地转化。水平提高没有任何捷径可走，关键在平时的积累、实践的磨炼、功力的提升，其中很重要的一点就是要刻意练习。有效的练习应该是在“学习区”内进行，有针对性和目的性，思想高度集中，克服挑战，让自己难受，才能真正提高。

要乐于写、勤于写、甘于写，平时要把写作融入自己的生活，使自己经常保持在学习区，处于刻意练习的状态。比如，除了书面写作外，我们日常的交谈，也可以视作是口头作文、即兴作文，怎么样说得更到位，沟通得更有效，也是一种演练。

比如，我们除了完成一些完整章节的全文写作外，也可以把日常一些规模小、随意性的写作行为，甚至写几句话、几段话，当作片段写作、纲要写作，时时处处让自己练习，一点一滴加以提高。

再如，工作生活中遇到不同的文体，不管是写个人简介，是写一封感谢信，还是草拟一个合同，都可以从多文体写作的角度来看待，每一种文体中都有值得学习借鉴之处，通过综合运用记叙、议论、描写、说明、抒情等多种手法，使自己熟练掌握十八般武艺，这对于提高写作能力和信心都有帮助。

2. 输入与输出

学习和吸收是输入，写作和分享是输出。完全没有输出的输入是没有价值的，而且输出本身就是促进输入的一种有效途径。

我们都有过这样的感受：凡是自己思考、消化过并且亲手写过的东西，会牢牢留在自己的脑海里，这与泛泛浏览资料的效果截然不同。在写作中掌握的知识点、形成的思维逻辑、出现的思想火花，都会成为自己新的知识储备，这是一个“公有知识私有化”过程。

怎样通过以输出促进输入，甚至倒逼输入呢？可以从以下两个方面入手。

第一，“一鱼多吃”，就是聚焦目标、集中火力。比如，写完一篇议论文，可以尝试把它改造成报告、会议纪要、学习体会、新闻通稿、评论文章等各类形式，虽然基本内容一致，但不同形式的要求不同，把一篇文章拆开揉碎了，重新排列组合，反复咀嚼琢磨，就会对各种类型的文体有基本把握，也会大大加深对内容的理解。

第二，以写促学、以教促学。多珍惜座谈发言、讲座交流、知识分享等机会，每一次都要认真准备，借此机会对自己的知识、观点和思想进行梳理和盘点，在这个过程中激发新的思想，挖掘新的观点，填补知识的空白点，使自己的知识条理化、系统化，把自己认为正确的、有用的观点和知识分享传递给别人，再从写作的角度反观自己的内容输出，这就形成了一个输入输出相互促进的闭环。

写作要实现从以文叙事到以文辅政再到以文鼎新的不断提升，除了文字水平与写作能力之外，最核心的是思想认识水平的不断提升。文章要体现思想性，关键在于写作者本身的思想深度和厚度，也就是说写作的高下，最终是思想力的体现，最重要的因素是写作主体的思维能力，这是写作能力持续提升的根本。

思维能力具体体现为思维的准确性和思维的效率，它决定了写出的文章是否具有思想性、构思是否独到、角度是否新颖、成文是否顺利。要想持续地写出高质量的文章，就要运用正确的思维路径和规律，形成有益的思维方法，这样写作时能快速启动思维程序，提高思考的效率和效果。所以说，写到最后拼的就是思维。

提高思维能力是写作最重要的“诗外功夫”，要把每一次写文章的过程当成锻炼自己思维能力的过程，平时也要多做一些思维训练，带着问题思考和钻研，让自己的思维处于一种活跃状态，让自己的脑力得到锻炼，这是写作者重要的内功所在。

按现代科学理论来说，认知世界有两种思维形态：一种是结构化思维，就是逻辑思维，一般具有语言、概念、数字、分析、逻辑推理等功能；另一种是感官化思维，也就是形象思维，具有音乐、绘画、想象、情感等功能。根据美国心理生物学家斯佩里提出的“左右脑分工理论”，人的左脑主要从事逻辑思维，右脑主要从事形象思维。

从写作的特点来看，文学写作更多运用的是感官化思维，但在文学之外的写作中，也会运用到感官化思维，以增强表达效果。比如，懂得美学思维而且适当使用，可以增加可读性和美感。具体来说，文章之美首先体现在内容上有思想美，有内涵，能够给人启迪。其次在形式上有整饬均衡之美，标题要醒目，做到准确、鲜明、简洁；结构要清，脉络分明，言之有序；段落要匀，同一个内容层级比较均衡。最后，在写法上有表意美。比喻要贴切，引用要妥当，增强说服力和表现力，语言要活。

领导干部从事的写作运用更多的、更重要的是结构化思维，就是面对问题的时候通过某种体系框架，将它拆解成一个个操作性定义和可分析的内容要素，通过加工和还原，从中得出整体结论的过程。运用结构化思维，能得到对事物相对完整、系统和深入的认识。相反，有些人的思维方式是线性的，或者是散点式的，运用这样的思维方式来思考事物，得到的结论也往往是不缜密、不完整的。

具体来说，结构化思维主要体现为辩证思维、战略思维、全局思维、底线思维、系统思维、创新思维等。结构化思维的作用至少包括三个方面：首先是系统性。就是观察事物全面，分析问题周延，得出结论中肯，能够反映事情的全貌，没有重大缺失和遗漏，不是以偏概全，也不是挂一漏万。其次是逻辑性。文章是客观世界存在事物的反映，而客观事物是有内在逻辑和规律可循的，运用结构化思维，能较好地把握事物之间的逻辑关系，从而在思维上和表述上都能做到逻辑清晰。最后是创造性，就是能透过现象抓住事物本质，话不在多，但要切中要害，提出新颖独到的见解，给人以深刻启迪、震动和警醒；论述问题能往深处开掘，抽丝剥茧，逐步递进，不满足于抓次要的，还要抓主要的，不满足于看到事物外在特征，还要挖掘内在联系，不满足于眼前情况，还要预测发展趋势；把具体的事物概括化，把零乱的观点系统化，从个别问题中引出一般性规律，用雄辩的逻辑力量增强思想性，等等。

还有一种容易被忽略的重要思维方式是多学科思维。很多写作本身是一种多领域的知识汇集，需要调动多方面的知识背景和学科积累。多学科思维不只是说使用几种学科的知识来丰富写作，更在于用不同学科的视角和观点来看待事物、分析问题，得出更有价值的结论。同样一个事物，同样一则素材，如果用单一学科视角来看，只能得出一个维度、一个面向的结论，而运用多种学科视角来观察和分析时，就能获得更多的认识和结论，可以更大程度地挖掘它的价值。

一个写作者应该是一个杂家，因为工作中很可能要用政治学、经济学、社会学、逻辑学、管理学、法律、文学等各学科知识。比如，用哲学思维，能够增加思维深度，拓展哲学视野；用历史思维，可以在现实与历史间对照反思，增强历史纵深与厚重感，达到以史为镜的作用；用心理学思维，能更好地把握对象的心理需求。

写作还常常会用到传播学思维，因为文章的写作发布流转本身就是一种传播行为，可以从传播内容、传播者、接受者、传播渠道、传播效果等多个角度加以审视，从中得到更多的视角。

目标思维也是很重要的一种思维方式，就是对文本之中和文本之外的目标都有准确把握，从而做到有的放矢，还可以用目标导向，以终为始，找到写作的正确路径。

一是靶向思维。这是从医学中借鉴的一个词，简单来说，就是哪里有病，药物就打到哪里。在写作中其实就是坚持问题导向，强化问题意识，始终围绕发现问题、分析问题、解决问题来写作，这对于想问题、作决策、干事业具有很重要的现实意义。

二是他者思维，就是从使用者和写作者之外的“他者”视角，对文章立意、内容、观点等加以考量和审视，判断它的合理性和适宜性。除了一般理解的领导者意识和接受者意识外，他者视角还包括旁观者、相关利益者、潜在影响者等，这些视角如果充分纳入，能更好地提高文章的针对性和有效性。

二、如何转化

思想观点是文章的精华，居于核心地位。但思想观点不是凭空产生的，是作者知识积累、思维能力、创新能力等方面的综合体现。而这些内在的思想，要变成观点，需要经过一个转化的过程。衡量一个人的文字水平和写作能力，很重要的一点，是看转化的水平和能力。

转化就是将收集获取的素材、学习掌握的知识、各种思想火花与智慧等，经过自我的消化吸收，经由类似发酵的“化学反应”，变成可在具体语境下使用的内容这一过程。通过转化，将零散的变成系统的，将无序的变成有机组合的，将浅层次的变成有深度的。所以这是一种复杂的创造性劳动。

转化解决的是思想观点的来源问题，主要有几种途径。

1. 书本知识的转化

读书是积累知识、提升智慧的源头活水。知识的积累包括理论知识、专业知识和各种社会知识。要学思结合，联系实际，真正把书读进去，化为自己的知识。如果不能有效转化，学到的知识就是死知识。

比如，对于写作者来说，哲学、逻辑学、心理学是需要学好的三门课，这三者是思想力的“源泉”。简单地说，哲学是解决“怎么看”的问题，是认识论；逻辑学是解决“怎么办”的问题，是方法论；心理学是解决“为谁写”的问题，是对象论。

其中，哲学是特别需要掌握的一门学科，是思想力的根本。当要分析一些现象时，要善于运用透过现象看本质的哲学思维，运用矛盾分析等马克思主义哲学的认识论和方法论，以及使用辩证的、发展的观点、联系的观点和历史的观点。当要阐述和界定一些新概念时，可以从哲学认识论的角度进行论述。比如要写关于创新的文章，那么关于创新的概念、对创新的认识、创新的主要类型以及创新的要素等，这些都需要用到哲学知识。

2. 上级精神的转化

常言道：领会上头，摸清下头，两头一碰，才有写头。写文章要保持和上级精神相一致，特别是政治性、政策性强的文章更是如此，观点创新也要在充分吃透上级精神的基础上进行。有时候写的文章站位不高，思想层次上不去，很大程度上是体现上级精神不够。

在转化上级精神时，要准确把握和深刻理解精神实质，但这绝不是照搬照抄，如果“上下一般粗”，那就起不到对工作的有效指导作用。所以要尽可能从上级精神中领悟出本单位的工作思路、发展方向，将上级精神转化为本单位本地区的具体方针和工作指导。

3. 他人智慧的转化

写作过程中要善于吸收他人观点，择其善者而用之，这样有助于借助“外脑”，提高质量。讨论交流的过程，就是学习的过程和认识不断深化的过程。很多好的观点，往往来自他人的启发和集体智慧的碰撞中。

4. 实践感悟的转化

写作一定要紧密结合实践进行思考。如果不关注现实问题，不与实践相结合，文笔再好，理论水平再高，也没法把文章写好。思想再深刻，观点再新颖，如果不能反映实际、解决问题、推动工作，不能在实际工作中有效落地，也是无花之木。

转化，基础在转，关键在化。也就是说，一定是有消化加工和重新改造的成分在其中，而不是简单复制和原样照搬。这样，转化的能力，才会真正成为秘密武器，成为新观点层出不穷的源泉。

三、如何获得灵感

很多人都觉得，灵感很神奇，不可捉摸，也难以把握。实际上，灵感是构思的有机组成部分，是对既定写作思路的突破和完善，两者是密切的互补关系。在写作构思中，偶尔会有神来之笔和突如其来的思想火花，这就是灵感。

好的灵感会提升构思的质量，俗称灵光一闪，但灵感又是可遇不可求的，它本质上是一种创造性思维的结果。善于激发和用好灵感，能够成为我们写作时创造力的重要来源。

写作经验丰富的人往往会有这样的体会，写作的思路并不是一次性的，也不会完全决定文章的最后形态，更多的想法会在写作过程中逐步涌现。我自己感觉，在写一篇文章时，会经历三次创作过程：首先是头脑思考，这是最重要也是最基础的环节；其次是手指思考，在组织语言文字的过程中，由于思维被激发，而不断涌现新的想法，这是一种正常写作状态的体现；最后是语言会自我思考，就是说在文章形态较为成熟的时候，在修改完善的过程中，会出现人的思维被内容带着走的情况，语言自组织、自演化，不断衍生和链接，自动填补思维的空白，推动思维认识进一步深化和提升。

这其实是思维与语言文字产生了深度互动的一种结果，也是进入非常良好的写作状态的一种体现，是文章真正能出彩的一个重要环节。这些新产生的内容往往是对提纲的超越，是原有思路之外的“意想不到”，但从深层次来说，又是写作思路的自然结构和深层反应。

写作中看似旁枝逸出的灵感，本质上是一种产生于无意识活动的创造性思维。灵感不是凭空产生的，而是有它独特的基础条件，其中最重要的就是作者反复深入的长期思考，同时还要有外界环境给予恰当的刺激或者触发。

明代的谢榛讲：“诗有天机，待时而发，触物而成”，意思就是写作灵感是主体与客体的碰撞，是心理与物理的神会，是外界触发和内心诱发的双重结果，是作者无意触发和有意诱发的产物。所以，灵感是从作者对事物的认真思考和独特认识中得来的，当头脑中储备的思考元素碰到一些难得的触点，就会产生灵感。

朱光潜在《作文与运思》中比较了赋得与偶成两种构思方式，指出：“苦思在当时或许无所得，但是在潜意识中它的工作仍在酝酿，到成熟时可以‘一旦豁然贯通’，普通所谓‘灵感’大半都先经苦思的准备，到了适当时机便突然涌现。”

灵感产生于无意识，可无意识是人无法控制的，那怎么样才能激活它呢？无意识活动看似是沉睡状态，但本质上是人的思考的沉积，它们在大脑皮层休眠，属于思维主体构思时的“前知识”。无意识不是说不想问题，而是不能被不间断的零碎思维占据了头脑。

如果经常深入认真地思考一些问题，虽然不一定马上得出结论，但这些思考过的问题，都会被储藏起来，等待合适时机被唤醒。在文章的构思中，这些连自己都想不到的无意识，可能就会转化成灵感。

通过灵感丰富自己的写作，我们可以从几个方面入手。

1. 要多读书思考

灵感并不是临时凭空产生的，而是平时思考的结晶，不过是在认真构思状态下以一种灵感形式呈现出来。要想多产生灵感，就得多看书学习，做到举一反三，活学活用，多思考问题，做到沉潜涤虑，触类旁通，让这些思考和学养沉淀到内心，成为灵感的深厚来源。平时广泛浏览，博览群书，甚至多翻翻杂书，拓宽一下思路，有利于积累知识和观点。

很多文学家都有善于积累的好习惯，比如白居易平时写诗，写罢就装进陶罐里，一罐装满再另取一个新罐。为方便以后查找，他还在陶罐上贴上标签，分别存放在木架上，经年累月，积少成多，陶罐里的诗稿经过不断修改加工、编辑整理，便汇成了《白氏长庆集》。

有类似做法的人很多，李贺和梅尧臣的布袋笔记，陶宗仪的树叶笔记，龚自珍的竹篦笔记，钱锺书的麻袋笔记，都是平时积累思考，为创作时灵感的产生积累素材。

2. 要保持头脑清醒

我们在工作中都有这样的经验，如果心浮气躁，就很难有好的思路，如果外界干扰太多，也很难集中精神，进入状态。

所以主观上要培养自己的虚静功夫，让内心保持一种自由活泼的状态，客观上也要努力为自己营造一个更适宜的环境，减少外界的干扰。特别是现在信息化时代，各种电子产品虽然带来了便利，但也确实增加了很多干扰和噪声，带来大量的碎片化知识，使时间被切割、精力被分散，当我们认真构思时，适当远离这些干扰是必要的，少看手机，少上网，让自己静下来才能进入状态。

3. 要善于保持空杯心态，做到思想通达

我们写作要有思想主见，但这绝不等于固执自我，而是要尽量去除内心的成见、思维定式，用更开放的心胸接收外界的信息，用更客观理性的态度对待别人的意见，善于反思，择善而从，敢于自我否定，经常把自己归零。

这不仅是一种好的思维习惯，也是一种好的写作状态，因为只有思维无所牵绊，处于自由状态，意识才会被充分激活，甚至往往有出其不意的想法出现。从人格特征来说，这是一个人思想通达的表现。而这恰恰是悟性和灵感的重要来源。

4. 要多交流碰撞

除了自己冥思苦想之外，与人进行思想交流，产生思维火花和化学反应，也是产生灵感的重要途径。一个好的写作者，往往十分注重向他人学习，善于同他人交流。思想的火花、灵感的突发，常常是在不经意的碰撞中产生的。

比如，构思写一篇大的文章前，在有条件的情况下，以“头脑风暴”和召开“神仙会”的方式，集思广益，不设限地讨论交流，其实就是把个人的神思拓展为群体的神思，产生思维激荡和碰撞，找出最佳的思维角度。

王汎森先生一篇《天才为何成群地来》的文章，其中提到，19 世纪欧洲思想之都维也纳是“天才成群地来”的地方，城中大量咖啡馆成为大师们的养成之所，在相互的交流谈论中，一个人从一群人中开发思路与知识，其功效往往是四两拨千斤。

很多重大的思想和科学发明，就来自这种看似漫不经心的交谈当中。这充分说明了思想交流激发火花和灵感的重要性。我们中国唐代诗人贾岛有个推敲的故事，也是冥思苦想之中，被韩愈一点拨，就找到了更好的表达。

灵感不是万能的，也是可遇不可求的。就像下围棋，真正的高手不求妙手，只求半目胜一样，写作要做到真正高效，也不能一味依靠灵感，而是追求稳定性和可持续性。也就是说，不要指望经常有灵感迸发，能够稳定地产出，并有适当的创造性参与其中，就是很好的一件事了。

灵感确实会提升文章质量，但它不是从天下掉下来的，需要把握它的规律，给灵感的产生创造条件。很多人有偏见，觉得写作灵感要靠刺激，如饮酒、抽烟、喝茶、喝咖啡等，包括一些写作者自己也以为灵感是这么来的。其实这些和灵感没有必然关系。说到底，灵感不假外求。灵光乍现也好，神来之笔也好，更多还是来自自身思考，不是靠烟酒能刺激出来的。

比如，我们看梁启超先生，他一生提倡惜时勤奋，但却喜爱打麻将，作为消遣和放松的娱乐活动。他写文章经常是文思泉涌，倚马可待，还有一项绝活，可以一边打麻将一边口授文章。他的很多社论，通常是在简要了解完主题要求后，在麻将桌上口授而成，而且流利畅达，感情奔放。他著名的讨袁檄文《异哉所谓国体问题者》，就是离开麻将桌后立马写成的。

我们能说梁启超先生写文章是靠灵感吗？他是在广博的知识和透彻思考的基础上，形成丰厚的学养，然后在打麻将这样一种轻松的心理状态中，充分激活了自己的思维，从而写出有思想创造力的篇章。这就是灵感的奥秘。

四、如何坚持问题导向

领导干部写文章的重要目的是推动工作，而推动工作的一个重要途径就是发现问题、分析问题、解决问题，因此好的文章应该具有强烈的问题导向性。这一属性在领导讲话、工作报告、调研报告等综合性公文中体现得更明显。

平时我们评价某个报告或讲话写得好，往往会说它具有“针对性、前瞻性、指导性”，这些方面的特质，都是以问题为圆心、从有利于解决现实具体问题来评判的。只有始终坚持问题导向，用现实问题来统率构思和写作，精准指出问题，深入分析问题，抓住解决问题这个根本，才能抓住文章写作的根本方向，避免写出些不痛不痒，甚至中看不中用的浮泛文字。

坚持问题导向对于写作来说，是重要的思想方法，也是很好的写作传统。从古至今，很多好的文章都是坚持问题导向的产物。比如杜甫，他是一个大诗人，同时也是一个尽职尽责的官员，尽管仕途坎坷，却一直忧国忧民，他在担任华州司功参军时，写了两篇传世公文：《为华州郭使君进灭残寇形势图状》和《乾元元年华州试进士策问五首》，为剿灭安史叛军献策，考虑如何减轻人民的负担。这些都是针对当时的社会现实问题提出的建议，和他的现实主义诗作是一脉相承的。

曾国藩也是这样，他当京官期间，曾经在两年时间里给皇帝上了九道建言奏折，包括《应诏陈言疏》《备陈民间疾苦疏》《议汰兵疏》《平银价疏》，都是切中时弊，体现了很强的问题导向。

坚持问题导向的思考逻辑，其步骤是：提出一个新问题（证明在思考，有的放矢）；有一个自己悟到的新思想（可以看出对这个问题的独到理解）；有几个自己精心挑选的事例（证明经过了调查研究，能够从理论与实践的结合上说明新问题）；有几个合适的比喻、典故或数据（这说明已吃透了这个问题，能够深入浅出）；有与文件不同的表述或阐释新问题的语言（说明不是在抄文件、抄社论、抄讲话）。

这个操作方法比较笨，但比较有效，经常操练，长此以往，久久为功，抓问题的本事和写文章的本事也就水到渠成了。

世界上的客观问题很多，抓什么样的问题才能有的放矢？如果一篇文章面面俱到，期望解决所有问题，那肯定是奢望，最终任何问题都解决不了。那么到底要抓什么问题？怎样才能抓得准呢？

坚持问题导向，并不是说不分青红皂白，写问题越多越好，在一篇具体的文章当中，有针对性的问题才是好问题。针对性就是说，紧扣主题，紧扣工作实际，紧扣任务目标，紧扣受众心理。客观存在的、具有典型性的、具备分析价值和解决可能性的问题才是好问题，这是把握问题的标准。

问题不是简单直观地摆在事物表面，它需要深入思考、需要精心调查、需要潜心研究才能被觉察和发现，任何时候都需要有一颗敏于思考的头脑和一双善于发现问题的眼睛。

工作中要解决问题，就要先认清问题，要认清问题，就得先研究工作，把握工作的规律。所以，问题既是全文的统领，也是连接文章与具体工作的桥梁。写作者要着力于从发现问题、分析问题、解决问题方面下功夫，使文章的指向始终聚焦在所要解决的具体问题上讲道理、摆事实、提措施。

发现问题、分析问题、解决问题，从辩证唯物主义的角度说，是物质和意识哲学关系的反映。从写作的角度说，这是对待问题的科学步骤。

第一，善于发现问题。就要敢于正视问题，问题是客观存在的，不能掩盖、不能回避、不能推脱，只能勇敢清醒地面对。敢于面对问题，是一种积极的自省意识，也是真正自信的表现。

只有思想上直面问题，才会认识到每个问题的紧迫性和艰巨性；只有行动上直面问题，才可能以高度负责的态度和担当精神寻求问题的解决；只有从制度上直面问题，才会想办法建立解决问题的长效机制，不做一时的表面文章应付了事。能不能直面问题，是检验是否坚持问题导向的重要试金石。

第二，学会分析问题。有时我们面对一些问题熟视无睹，见怪不怪，既有不敢直面的态度问题，可能也有能力的问题，就是不会科学分析问题和深入研究问题。发现了问题，还得认真分析研究。

这就要运用马克思主义的唯物辩证法，坚持全面联系发展地看问题，透过现象看本质，具体问题具体分析。既要全面分析问题的性质，查明原因，认清问题之间的联系，还要分析问题的轻重缓急，抓住事物的主要矛盾和矛盾的主要方面，不搞“一刀切”“一锅煮”。找准共性问题，也找到个性问题，找准表面问题，也找到深层次问题，经过系统细致的分析，找出问题的焦点、重点和难点，牵住问题的“牛鼻子”。

第三，切实解决问题。坚持问题导向，最终是要解决问题。问题是矛盾的外化，解决问题必然触及矛盾。真想解决问题，就得有勇于自我革命的气魄，敢于向顽瘴痼疾开刀，敢于触及深层次矛盾。特别是领导干部的文章，要以解决问题为工作导向，而且关键是看行动。只有这样，问题才会有好的归宿。

五、如何创新

写作入门并不难，难就难在有所突破和创新。为什么创新很重要？首先，文章是客观实际的反映，也是用于指导实际工作的。所以不是写作者想不想创新，而是工作本身在变化，客观事物在变化，所以写作不能一成不变，陈陈相因，只有创新才是实事求是的体现。

其次，我们说过写作有几个层次，以文叙事、以文辅政和以文鼎新。革故鼎新，提出新的工作理念、思路和措施，推动工作取得成效，才是文章功能的体现，也是写作主体价值的体现。

最后，创新也应该是写作者的自觉追求。只有不断追求创新，这样写作才有意义和价值。如果人云亦云，千篇一律，为了写而写，那还要写干什么呢？写这些文章又有什么意义呢？又能从中得到什么锻炼和提高呢？

一篇好的文章一定要有新的元素在里面，无论是角度创新、内容创新、方法创新、结构创新，其中最重要的创新是观点创新，而观点又来自于思想。所以创新的过程，从根本上说是写作者不断学习成长的过程，这才是创新最大的意义所在。

有几种思维在阻挠创新。一是简单思维，觉得差不多就行，不想费心思去创新。二是惯性思维，就是一味地遵循条条框框，按照从众和习惯方式来写作。三是经验思维，凭自己已有的经验来写作，不敢跨越和突破。

这几种思维模式导致的结果就是，虽然心里想创新，但行动上裹足不前，不敢冒创新的风险，总担心创新万一砸了怎么办？要想在写作上创新，最重要的是突破思维定式，解决创新的动力问题，否则就难以写出有新意的文章。

“兵无常势，水无常形”，写作创新的空间是很大的，关键在于写作者要把创新当作一种习惯，自加压力，破除思维定式，运用创新思维，摆脱条条框框的俗套，少写大话、套话、空话、现成话，多写新话、实话、活话、提神话。

有的文章读起来让人昏昏欲睡，有的文章就很鲜活生动，充满了有新意的观点和语言。这样的“新话”是怎么来的呢？平时要多掌握新情况、新问题，积累新材料，努力提炼新思想、新观点，写起来才会有新意、有新话。

当然，提倡创新，不是脱离实际的标新立异，不能为了新意而新意。文章不仅是写出来的，更是在工作中干出来的，这就需要写作者具备实践的自觉性，向工作中的现实矛盾和问题聚焦，把创新的落脚点放在解决问题上，融入自己的真情实感和理性思考，这样创新才能有深厚的源泉和强大的动力。

文贵创新，概括起来，主要有以下四种创新的路径。

1. 在框架结构上创新

比如，拿领导干部常用的讲话稿来说，结构方式可以有两段式、三段式或多段式，每一部分的布局方式又可以分为纵向布局和横向布局。纵向布局就是按时间顺序或者按事物的逻辑关系纵向排列，横向布局就是将文章涉及的并列关系的内容一一分述，有时也会把两种布局方式交叉使用。为了更好地表现内容，我们可以灵活运用这些结构方式，不用受固有的思维局限。

比如每年的工作报告，通常都是两段式或者三段式，要创新的话，我们可以采用多段式，把重点问题拎出来一个个单说，还可以在局部进行框架调整，如讲完成绩之后，加入几条体会，在讲工作任务之前，加几条工作原则，这样就是通过形式的创新来丰富和完善相关内容。

2. 阐述角度上的创新

每年工作报告都要部署工作，而一个单位说来说去也无非是那几件事，怎样避免年年说现话呢？同一个内容，从不同角度切入，用不同的角度来阐述，也是创新点。

比如，去年说了深化改革、加大投资、开拓市场等内容，今年还要说这几件事，那我们就可以换个视角，从为什么要这样部署工作的视角来加以阐述。这样我们就可以写成：着力解决体制机制突出瓶颈，充分释放发展势能；加大有效投资力度，增强发展后劲；抓住市场开拓的工作主线，推动生产型向经营型转变。这是对具体工作安排背后的工作思路的揭示，不但能写出新意，还能加深大家对所写内容的理解，知其然也知其所以然。

比如，工作总结经常写，如何写出新意？就可以在角度上创新。

第一，根据工作职能进行总结。这是一种最主要的总结角度，常用于年度工作报告，用于对工作进行全面总结。比如，办公室的主要职能是“办文办会办事”，在总结工作时归纳为“办文质量跃上新台阶；办会效果有了新提高；办事水平有了新改进”，这就是从工作职能出发来总结工作的。

第二，根据工作思路进行总结。如果工作思路与众不同或别有创新，也可以围绕工作思路来总结。一般来说，用这种角度来总结工作，效果好坏主要取决于思路是否清晰、深刻、新颖。比如，总结五年规划制定工作，在回顾制定规划的思考准备工作和理论依据时，可以从这几个方面总结：一是适应经济新常态，认真转变发展观念；二是认清行业新趋势，进一步强化危机意识；三是抢抓改革新机遇，切实增强紧迫感；四是把握有利因素，坚定发展信心。这样就把工作背后的思路阐述得非常清楚。

第三，根据工作特色进行总结。这种方法常用于专项工作的经验介绍，对执笔人要求比较高，不仅需要充分掌握材料，而且还要有一双善于发现的眼睛，能从大量的资料中挖掘出闪光点来。比如，总结思想政治工作，从原始素材中提炼出“工作扎实、细致耐心、方式灵活、领导带头”几方面特点，由此归纳为“立足一个‘实’字，增强思想政治工作的针对性；着眼一个‘细’字，增强思想政治工作的感染力；突出一个‘活’字，增强思想政治工作的吸引力；强调一个‘带’字，增强思想政治工作的感召力”等部分，显得不落俗套，写出了新意。

第四，根据采取的工作措施进行总结。这也是很常见的方法，主要用于对某方面的工作进行总结。比如，抓“执行力建设”时采取了“统一思想、转变作风、加强督办、素质培训”四大措施，总结时就归纳为“统一思想抓落实、转变作风抓落实、督促检查抓落实、提高能力抓落实”四部分。

第五，根据开展工作的时间进行总结。这种方法一般用于对专项工作进行总结。这种方式能完整描述整项工作的全貌，但缺点是重点不突出，特点不明显，写不好很容易变成流水账，难以给人留下深刻的印象。比如，完成某个重点项目后，从“领导重视，精心组织；制订方案，分工负责；加强协调，形成合力；抓好试点，健全方案；狠抓落实，强化执行；总结提高，优化改进”等六方面进行总结。这里所采取的角度就是开展工作的先后顺序。

第六，根据“关键词”进行总结。中央精神和上级文件中往往会提出一些新的理念，出现一些热点词汇。合理利用这些热点词汇来总结工作，既可以体现时代气息，又可以提升文章的高度。比如，党中央提出新发展理念，在总结工作时，可以用创新、绿色、协调、开放、共享作为关键词，把相应的内容归并到这五个内容下，总结为“坚持创新发展，增强公司发展活力；坚持协调发展，提升发展整体效能；坚持绿色发展，推动企业发展可持续；坚持开放发展，培育国际竞争新优势；坚持共享发展，追求多方合作共赢”，内容全面，有新意，也符合中央要求。

第七，根据参与主体来总结。当某方面工作或者某个重大项目完成后，一般都要召开会议，总结工作，表彰先进。这种场合的总结部分，往往围绕参与该工作的各主体来构思。比如，某重大工程项目总结表彰会议的总结部分可采用这种方法，“在整个项目建设中，党和国家高度关注……；项目所在地的各级党委和政府，十分重视项目的推进……；建设单位将项目作为最重要的议事日程……；参与项目的全体建设者是真正的英雄……”，这是按参与主体总结的一个经典范例。

第八，根据解决的问题来总结。在总结工作时，针对解决的问题来归纳，往往也会取得很好的效果，针对性强，直接鲜明，能给人留下较深的印象。比如，从解决“脸难看、事难办、门难进”等问题出发，将工作总结为“进一步提高服务意识，尽量让老百姓少受一点气；进一步改进服务环境，尽量让老百姓少跑一点路；进一步优化服务手段，尽量让老百姓少花一点钱；进一步提升工作效率，尽量让老百姓少排一点队”四个方面。

3. 文字表达上的创新

努力使语言更加生动、简洁、清新，接地气，避免呆板、老套、枯燥、模式化、概念化。语言还要追求闪光点，一篇文章有时就一两个突出的亮点，几十个字，有了它，就能让人印象深刻，甚至流传久远。一篇文章能让人记住一两句话，或者叫响一个提法，就算是很成功了。文章好写，点睛之笔难求。

4. 观点论断上的创新

清代文学家李渔说：“意新为上，语新次之，词句之新又次之。”，这里说的意新，就是指的观点创新。如果没有新的思想观点，很容易落入俗套，味同嚼蜡，讲一堆正确的废话。1992 年邓小平在南方谈话中提到的“改革是解放生产力”“发展是硬道理”这些著名思想论断，精辟深刻，可以说是一语中的，一言兴邦。可见，思想观点的创新确实威力巨大。再如，有一份关于“三严三实”的理论文章，在谈到“谋事不实”的问题表现时，写了这么一段：

实是一种态度，也是一种能力。一些人之所以热衷于作秀，沉迷于表面文章，夸夸其谈，华而不实，除了作风虚浮，与能力不足造成的本领恐慌也有很大关系。许多不实的背后，是不能的问题。一些干部遇到难题往往采取鸵鸟政策，把矛盾盖起来，让自己藏起来，推动改革总是习惯挂空挡，不敢迎着困难上、顶着压力干，一个重要原因就是老办法不管用、新办法不会用、笨办法不顶用，既无法向前迈步，又不甘落于人后，既没有能力水平，又怕说自己不行，于是官僚主义、形式主义就来了，实事求是的作风就丢了。

这段话之所以让人印象深刻，就是因为体现了观点创新，在通常的认识之外，一针见血地指出一些习焉不察的现象，大胆地作出判断，提出了新的观点，达到了“人人心中有，人人口中无”的效果，让人产生“确实如此”“恍然大悟”的感觉。

如何在写作中很好地运用？有哪些好的思路和方法？

第一，联系实际。尽管有些话题是老的，但在不同时期总会有新的情况、新的变化。比如，宏观环境发生变化，政策规定出现调整，上级提了新的要求，工作落实时遇到新的困难等，要紧紧抓住这些变化的情况，把握新形势新任务，思考新问题新挑战。可以说，只要和实际结合得紧，就有用不完的素材，写不完的新话。

第二，转换视角。从不同的角度去认识同一个问题，从中引出不同的话题，这样不仅可以避免重复，而且有利于思想与时俱进。比如，转变作风抓落实是经常要写的话题，为了不重复，我们可以从抓落实的一般要求上讲，可以从抓落实的条件上讲，还可以从抓落实的方法上讲，也可以从抓落实存在的问题上讲。角度一变思路宽，旧话题也可以不重复，做到新意迭出。

第三，拓展思路。比如，讲一个问题往往都是按为什么、是什么、怎么办这样的逻辑谋篇布局的，如果改变一下行文思路，在讲某个问题之前，先举一个这方面的经典例子，以事明理，再简明扼要地提出观点，这样就有了新意，给人印象也会更深。

第四，打破套路。有些常用的套路用多了就变成条条框框，束缚思路，要敢于大胆地打破。比如，工作总结一般都大量运用材料，而写经验体会时只简单概括几句话，如果改变一下这种套路，在谈经验体会时，用典型事例作为论据来谈经验体会，就会增强说服力，也能更有新意。

六、如何提炼观点

观点是理性思考的产物，具有揭示规律、透视本质的作用，好的观点，认识价值和实践价值都很大。文章要有思想性、理论性和启发性，就得靠观点取胜。

一个好的观点就是一个亮点，几个好的观点就能够支撑起一篇文章。好的观点可以直接作为主标题，可以作为子标题，也可以在具体文章中体现。

提炼观点要注意以下几点。

1. 要紧扣主题

比如，一篇题为《塑造绿色发展动能》的文章，提出了三个观点：第一，加大清洁天然气供给，是推动环境治理的最现实选择；第二，推动电力系统低碳转型，是推进中国能源生产和消费革命的关键举措；第三，推动传统能源企业绿色生产，是实现经济发展与环境保护良性循环的重要路径。

这些观点都是紧紧围绕“塑造绿色发展动能”这一主题来展开的，论述集中，内在一致，主旨突出。

2. 论点要新颖

比如，2019 年 9 月 24 日在美国纽约，国务委员兼外交部部长王毅在美中关系全国委员会、美中贸易全国委员会、美国全国商会、美国对外关系委员会联合举办的晚餐会上发表题为《登高望远，不惑前行》的主旨演讲，提出了四个核心观点：第一，互利合作是唯一选择，中美双方谁也没占谁便宜；第二，开放融合是正确方向，中美双方谁也离不开谁；第三，冲突对抗没有出路，中美双方谁也改变不了谁；第四，共担责任是历史潮流，中美双方谁也不必取代谁。

他还就如何真正把共识落到实处提出三点意见：第一，对于双方可以开展合作的领域，应本着合作共赢的精神坚定不移向前推进和深化；第二，对于双方存在分歧的问题，应本着不冲突不对抗的精神妥善加以管控；第三，对于涉及彼此核心利益的事务，应本着相互尊重的精神坚持互不干涉内政。

这一演讲之所以让人印象深刻，在于它对当时的两国关系现状和未来趋势作了深刻的剖析，提出了诚恳的希望和倡议，不卑不亢，很有针对性，而且观点非常新颖，又让人一听就懂，用明白晓畅的语言表达内涵丰富的观点，容易引起共鸣，起到很好的沟通效果。

3. 观点要鲜明

要避免如下几个误区。

第一，语气含混。不要用“可能是”“或者是”等带有不确定性的语句。语气不能含混，立场观点要鲜明，比如，“中国人民一定行，中国一定能”“没有任何力量能够撼动我们伟大祖国的地位，没有任何力量能够阻挡中国人民和中华民族的前进步伐”。要像这样的论述一样语气坚定，绝不含糊。

第二，缺乏提炼。“班子不团结，就会伤害同志间的感情，就会妨碍民主集中制的执行，就会搞得下面无所适从，就会损害班子形象，就会带来许多不良后果，必须引起我们的高度警觉。”显得啰唆、累赘，应该浓缩为“班子不团结，是削弱班子战斗力的祸患，是危及事业发展的毒瘤”。

第三，缺乏力度，不痛不痒。“要注意解决干部作风不实的问题”，若改为“干部作风不实的问题已经到了非解决不可的时候了”，就更加有力，引人警醒。

当然，观点要鲜明直接并不是说不分场合、不分对象地直愣愣提出几个观点就万事大吉，观点的表达，既要注重方式，更要注重质量。好的观点、正确的观点，体现在运用正确的思维方式，揭示事物本质，找出事物发展背后的规律；体现在坚持问题导向，能很好地发现问题、分析问题并解决问题；体现在从具体的素材中提炼整理，去粗取精，实现从事实到结论的提升，使论点和论据有机统一；体现在打造亮点，使文章有点睛之笔，有突出的亮点和闪光点。只有这样，写出的文章才能有深度、出思想，而不是平平的流水账。

七、如何驾驭矛盾

写作构思当中在认识事物和分析问题时，会遇到不同的矛盾关系，要正确认识、把握和驾驭好这些对立统一的事物，从而拓展思辨的空间和内容的容量，提高分析问题和解决问题的能力，也为文章注入更多的张力。

世界上的事物由对立统一的矛盾体构成，矛盾是普遍存在的，所以要用矛盾论的观点来认识事物，把握规律，看到事物的对立统一性、相互联系和不断发展，同时还要抓住主要矛盾和矛盾的主要方面，注意矛盾双方的变化，推动矛盾运动朝着有利的方向转化。

文章写作也是客观事物的反映，自然也会反映矛盾。既然矛盾是普遍存在的，那么就不用害怕矛盾，回避矛盾，而是要从理论和实践的角度，识别其中的矛盾关系，并且运用有效的思维方式和写作手法，把它变成我们的写作内容。

1. 从思想的角度说，正确地认识矛盾和把握矛盾，才能有效拓宽思维的宽度和深度

我们说，一个既能听到最高音也能听到最低音的耳朵，才是真正的好耳朵。一个人的思想也是这样，思想的深度来自观察事物的广度。一个有思想的人，不会过于偏执，总能广泛地听取意见，然后得出自己的观点，并且尊重别人与自己不同的意见，不会把自己的观点强加于人。

所以，在认识事物时，思想深厚的人总是会兼顾事物的不同方面，全面透彻地了解，特别是注意其中看似对立矛盾的方面，从中找到正确的思维路径。只有这样，我们才能拓展思想的深度，获得认识上的平衡。这就是孔子说的，“叩其两端而执其中”。

比如，我们过去是高速发展，现在党和国家强调高质量发展。但在认识和实践上，有一些人把高质量和规模速度完全对立起来，认为它们是非此即彼的关系。而事实上，对一些行业来说，不论是行业规律还是提升竞争力的需要，规模和发展速度依然很重要，但是这里多了一个前提，是有质量有效益的规模和速度。因此，不能把二者对立起来。

2. 从认识的角度说，把握好矛盾关系是辩证法的基本要求

辩证法告诉我们认识事物要一分为二，全面地、辩证地加以看待，强调任何一个单方面都是不完整的，都不足以反映事物的复杂性。

比如，现在都在提培养选拔任用年轻干部的问题，这无疑是很有必要的，有利于干部梯队建设和事业薪火相传，但在强调使用年轻干部的同时应该加一句：使用好各个年龄段的干部。因为，使用干部既不能论资排辈，也不能拔苗助长，这样才符合人才成长的规律。

干部队伍是由不同年龄段组成的，每个年龄段干部的积极性都要有效发挥。再说，评价干部年轻与否，外在生理年龄只是一方面，还要看一个人的精神状态和干事激情，有的人年纪轻轻就老气横秋，有的人虽然年纪大一点却干劲十足。这就说明，世界上的事物是复杂的，我们不能简单化、概念化，忽略了事物的全面性、多样性。

3. 从论理的角度说，只有兼听多方意见，得出的观点才会有理有据，更让人信服

完全好或者完全不好的事物，世界上都是没有的，只不过好与不好的比例有所不同。一个单位总体情况好，但也会有不足，一件事做得不够好，却也不能一棍子打死。这样才符合事物的本来面目和客观规律。

所以说：兼听则明，偏听则暗。我们无论是查情况、问问题、做结论、定政策还是写文章，都要从多个角度、多个侧面了解和思考，只听某一方面的意见，对别的方面选择性无视，必然会造成认识上的偏差，实践上的碰壁。

比如到基层调研，听到了全是好的一面，就得想想哪里还有不到位的地方。收集某项工作的意见反馈，不但要看多数人的意见，更要看少数人的意见。制定一项政策，听了受益者的意见，更要听受影响者的意见，这样我们写出的文章才会理明据实，让人服气。

4. 从表达的效果说，驾驭好矛盾能让文本充满张力

写作时兼顾矛盾的方面，并不会导致观点不鲜明，模棱两可，恰恰会增强表达的张力。

考虑矛盾的不同方面，并不是都要在文章中一五一十地写出来，而是我们在酝酿构思时需要思考和理解。在对矛盾事物认识的基础上，把成熟透彻的思考用准确的文字表达出来，语言就会更具有张力和表现力，留出很大的再思考空间。

文章中涉及的矛盾关系会有很多，我们选择常见的主要矛盾关系来加以简要分析，包括上和下、刚和柔、情与理这几对矛盾。

第一，做到上下结合。就是既有思想高度，接通“天气”，又紧贴实际，能接“地气”。好的文章既要有政治高度和理论深度，同时也要接地气，把这两个方面很好地结合起来，理论与实际工作融会贯通，上情与下情充分结合，思想性和针对性都有体现。既要体现政治性要求，还能够落到实际，结合具体的情况来找问题、谈原因、提措施。这既是一个上级精神与基层实际结合的问题，也是一个理论与实际相结合的问题。

理论联系实际是我们党的思想路线，更应该是领导干部写作的指导思想。写文章要有理论性，但又不能过于理论化，特别不能把理论教条化，不能带着教条主义、主观主义和经验主义的框框，先入为主地定调子。写文章也不是搞科学研究，也不能建立在纯理论之上，写出理论水平和思想深度固然重要，把理论转化为指导工作的实际要求更重要。做到理论联系实际，才能提出可操作性强、有实际价值的观点和建议。

第二，做到刚柔相济。就是既有雷霆棒喝、猛击一掌，也有春风化雨、促膝而谈。要通过文章推动工作，施行政令，很多时候都具有强制性、规定性，这是它刚性的一面。但同时文章往往也具有教育、引导、宣传、发动等作用，需要做必要的思想工作，循循善诱，给人启迪，这是它柔性的一面。

把握这两个特点，在表达上也要兼顾两个方面，做到刚柔结合，既不能因为风格要委婉，就放低了硬性的要求，也不能因为要达到目的，而一味简单粗暴。成都武侯祠有一副清朝人赵藩撰写的对联："能攻心则反侧自消，从古知兵非好战；不审势即宽严皆误，后来治蜀要深思。"这里说的宽与严的问题，不但对于治理国家有启发，对于写作也是一样的道理。

我们可以看看毛泽东在解放战争期间写的一篇《敦促杜聿明等投降书》[①]。

> 杜聿明将军、邱清泉将军、李弥将军和邱李两兵团诸位军长师长团长：
>
> 你们现在已经到了山穷水尽的地步。黄维兵团已在十五日晚全军覆没，李延年兵团已掉头南逃，你们想和他们靠拢是没有希望了。你们想突围吗？四面八方都是解放军，怎么突得出去呢？你们这几天试着突围，有什么结果呢？你们的飞机坦克也没有用。我们的飞机坦克比你们多，这就是大炮和炸药，人们叫这些做土飞机、土坦克，难道不是比较你们的洋飞机、洋坦克要厉害十倍吗？你们的孙元良兵团已经完了，剩下你们两个兵团，也已伤俘过半。你们虽然把徐州带来的许多机关闲杂人员和青年学生，强迫编入部队，这些人怎么能打仗呢？十几

---

① 《毛泽东选集》第 4 卷，人民出版社 1991 年版，第 1369—1371 页。

天来，在我们的层层包围和重重打击之下，你们的阵地大大地缩小了。你们只有那么一点地方，横直不过十几华里，这样多人挤在一起，我们一颗炮弹，就能打死你们一堆人。你们的伤兵和随军家属，跟着你们叫苦连天。你们的兵士和很多干部，大家很不想打了。你们当副总司令的，当兵团司令的，当军长师长团长的，应当体惜你们的部下和家属的心情，爱惜他们的生命，早一点替他们找一条生路，别再叫他们作无谓的牺牲了。

现在黄维兵团已被全部歼灭，李延年兵团向蚌埠逃跑，我们可以集中几倍于你们的兵力来打你们。我们这次作战才四十天，你们方面已经丧失了黄百韬十个师，黄维十一个师，孙元良四个师，冯治安四个师，孙良诚两个师，刘汝明一个师，宿县一个师，灵璧一个师，你们总共丧失了三十四个整师。其中除何基沣、张克侠率三个半师起义，廖运周率一个师起义，孙良诚率一个师投诚，赵壁光、黄子华各率半个师投诚以外，其余二十七个半师，都被本军全部歼灭了。黄百韬兵团、黄维兵团和孙元良兵团的下场，你们已经亲眼看到了。你们应当学习长春郑洞国将军的榜样，学习这次孙良诚军长、赵壁光师长、黄子华师长的榜样，立即下令全军放下武器，停止抵抗，本军可以保证你们高级将领和全体官兵的生命安全。只有这样，才是你们的唯一生路。你们想一想吧！如果你们觉得这样好，就这样办。如果你们还想打一下，那就再打一下，总归你们是要被解决的。

中原人民解放军司令部

华东人民解放军司令部

这篇广播稿只有 800 多字，从头至尾，遣词用句体现了外柔内刚、张弛自如的特点，看似语气温和，苦口规劝，但整体所勾勒的局势、营造的气氛却给敌人造成了强大压力，绵里藏针，柔中带刚，比疾言厉色的谴责效果更好。

第三，做到情理交融。在说事、说理时，也不排斥情感因素，灵活运用逻辑思维与感官思维，既晓之以理，也动之以情，把理性和感性很好地统一起来，能得到更好的表达效果。这就是通常说的摆事实，讲道理。

在逻辑思维当中，我们常常会用到量化思维。就是对不容易说透的问题，用数字说话，可以更精准有效。比如，我们要提倡大家阅读经典，可以引用数据说，“现代人平均每天用在手机上的时间是 2.6 小时，一个月下来花费 78 小时，相当于三天还要多的时间，用这些时间可以读完若干本经典著作”。这样就让人印象深刻，引人思考，达到见微知著的效果。

感官思维中我们可以用到故事思维，就是用讲故事的方式来烘托内容，阐述观点。这方面有很多例子，如毛泽东的《为人民服务》《愚公移山》《纪念白求恩》等名篇，都是用故事开头，以小见大，得到引人深思的结论。

八、如何增强可读性

前面提到，文章的语言应该追求可读性，而不是大家刻板印象中的八股文、打官腔。要增强可读性，可以从几个方面来把握。

1. 牢记语言一个基本要求就是：说别人听得懂的话

有一些领导干部所写的文章显得干巴枯燥，满篇陈词滥调，让人昏昏欲睡，有的不接地气，喜欢卖弄辞藻，华而不实，有的故意追求一种深奥晦涩，使用一种别扭的表达方式，好像这样才显得有学问。类似这样的文章，被人诟病为“不说人话”。

毛泽东在讲到反对党八股的时候，指出了一个治病的药方，就是我们每一个人，都应当切实领会一条起码的规则，把它当作定律，就是当你写东西或讲话的时候，要想到你究竟是为什么人而写，向什么人讲话。

如一份工作报告，若是报送隶属上级机关，内容要多反映过去一段时间的工作情况、工作实效以及从工作中获得的规律与经验总结；如果是下发给所属下级机关，内容要在回顾过去那段时间工作情况与工作实效的同时，多写获得的规律、经验和教训，以及对过去那段时间工作的指导意义和重要作用。

所以写文章要关注人，阅读对象是谁？他们的情感、心理、需求是什么？把握好了这些，讲一些入情入理的话，才能打动人，让人愿意听。

比如，领导干部要写一篇面向青年的文章，就要考虑到青年的实际情况和心理特点，当代青年一方面积极向上，另一方面也面临着学习成长、婚恋交友、生活等方面的困难和困惑，如果领导干部能从这些问题切入，有更多平等的、诚意的沟通，分析这些问题，帮助年轻人正确认识这些问题，甚至从一些事实和自身经历中为大家提出一些好的建议，释疑解惑，指引方向，给一些思想和方法的启迪，那大家肯定读了觉得很解渴，很受益。

相反，如果对这些问题熟视无睹，写的都是一些宏大的理念和硬性的要求，就很难引起人的共鸣，再大声嚷嚷也没用，大家不会理解，也不会去听。

有一句话说得好，没有什么可以把人轻易打动，除了真实。真正能打动人心的，最终还是要回归到人，任何一篇文章的沟通对象，都是一个活生生的人，他们有真实的思想和情绪，也有真切的困惑和感受，这是需要把握、理解和回应的。比如马丁·路德·金著名的演讲《我有一个梦想》，即使谈论种族平等这样的宏大议题时，他也必须回归到一个个具体的黑人小孩的命运上，才能让听众感同身受。

1957 年毛泽东在莫斯科大学接见留苏学生时发表的著名演讲："世界是你们的，也是我们的，但是归根结底是你们的，你们青年人朝气蓬勃，正在兴旺时期，好像早晨八、九点钟的太阳，希望寄托在你们身上。"这样的几句话，比讲上半天理想、立志之类的说辞都更有冲击力。

2. 合理用典，增强可读性

好的文章并不需要多么复杂的写作技巧和多么华丽的文笔。但是，因为可读性的要求，有时也会用到引用、比喻等修辞，辅以情感力量，这样更抓人、更入心。

从另一个角度说，领导干部写的文章大多是说理为主的，但说理要让人信服，所以既要有观点，也要有论据，而论据中很重要的一部分内容就是引用名言、警句、典故等，我们通常把这些叫作用典。恰到好处地用典作为论据，可以更好地表明观点，表达意图，增强说服力和感召力，更能吸引人和打动人，也增加了文化含量。

毛泽东写的文章，可以称得上用典的典范。他知识渊博，很熟悉中国的文史典籍，所以在他的文章中，用典丰富，随手拈来，十分贴切，借过去说明现在。

比如，大家熟知的《为人民服务》中，毛泽东引司马迁的话：“‘人固有一死，或重于泰山，或轻于鸿毛。’为人民利益而死，就比泰山还重；替法西斯卖力，替剥削人民和压迫人民的人去死，就比鸿毛还轻。”①

这就是直接从典籍中找根据，以前人之言证明目前之理，翻新经典，为己所用，就是常说的引经据典中的“引经”，既弘扬了民族文化，又普及了经典知识。

“据典”，就是借历史或者文学故事等经典事例来比喻、阐述一种道理。比如，毛泽东借李密《陈情表》中的话描述司徒雷登：“总之是没有人去理他，使得他‘茕茕孑立，形影相吊’，没有什么事做了，只好挟起皮包走路。”②

引用这些经典名句，都需要一定的文化水平才能听懂看懂，而面向大众，也能用通俗文学的典故。恰恰也在这方面，毛泽东做出了很好的榜样，他所写的文章中常搬出中国人熟悉的故事。

比如，他在七大闭幕词中引了《愚公移山》的故事，还常常将《水浒传》《西游记》《三国演义》这些文学故事当哲学、军事教材来用，深入浅出，生动活泼。所以，他的报告总是听者云集，欢声笑语，毫无理论的枯涩感，真正把古典融于现实，把理论融进了实践。

在《中国革命战争的战略问题》中，毛泽东用《水浒传》中的故事来阐述战争的战略战术：谁人不知，两个拳师放对，聪明的拳师往往退让一步，而蠢人则气势汹汹，劈头就使出全副本领，结果却往往被

① 《毛泽东选集》第 3 卷，人民出版社 1991 年版，第 1004 页。
② 《毛泽东选集》第 4 卷，人民出版社 1991 年版，第 1496 页。

退让者打倒。《水浒传》上的洪教头，在柴进家中要打林冲，连唤几个“来”“来”“来”，结果是退让的林冲看出洪教头的破绽，一脚踢翻了洪教头。[①]

毛泽东不光用中国古代的典故，也用国外的典故，比如1949年新年到来之际，解放战争眼看就要胜利，蒋介石又要搞假和谈。他以新华社名义发表了一个新年献词《将革命进行到底》，巧妙地用了《伊索寓言》中农夫和蛇的故事，来委婉地揭露国民党的意图。

用典往往都是为了说明一定的道理，但用典有时也可以用来“起兴”，这是诗歌的说法，就是引出后面的内容，增加表达的效果。

毛泽东也经常这样，有时候用典并不直接为证理，而是借典起兴，引出后面的道理，造成一种幽默，加深听众印象。比如1939年7月7日，他对即将上前线的陕北公学师生讲话，以《封神演义》故事作比：姜子牙下昆仑山，元始天尊赠了他杏黄旗、四不像和打神鞭三样法宝。现在你们出发上前线，我也赠给你们三样法宝，这就是：统一战线、武装斗争、党的建设。这里从“法宝”的字面引出下文，就是一种起兴。

习近平总书记的重要讲话、文章、访谈等，语言都引人入胜，一个重要原因就在于他善于运用古代典籍、经典名句，旁征博引、画龙点睛，给人思想启迪、精神激荡。

比如，他在十八届中央纪委六次全会上的讲话中引用了不少典故，包括“锄一害而众苗成，刑一恶而万民悦”“新松恨不高千尺，恶竹应须斩万竿”“不能胜寸心，安能胜苍穹”等，既言简意赅、寓理深刻，

① 《毛泽东选集》第1卷，人民出版社1991年版，第203页。

又深入浅出、娓娓道来，体现出深厚的文化底蕴。

再如，他以“以实则治，以文则不治”说明空谈误国、实干兴邦的道理，引“其身正，不令而行；其身不正，虽令不从”论述领导干部从自己做起的重要性，借“明者因时而变，知者随事而制”凸显改革创新的意义。这种巧妙用典，达到了古为今用、推陈出新的效果。

这说明，要写好文章，首先要是一个读书人，一个读了很多书的人，一个熟悉自己民族典籍的人。一个不会自己母语的公民是不合格的公民，一个不熟悉祖国典籍的写作者是不合格的写作者。

习近平总书记倡导，推动中华文明创造性转化和创新性发展，激活其生命力，让收藏在博物馆里的文物、陈列在广阔大地上的遗产、书写在古籍里的文字都活起来。①如果我们都学有所成，对经典名句信手拈来、运用自如，写出好的文章来，不断增强了可读性和传播性，也是在打造民族文化名片，展现文化自信，讲述精彩的中国故事。

用典要恰到好处，不然就变成了卖弄学问，那就适得其反了。读书作文，引用典故，最主要的还是要寻找经典对我们的启发，找到从古至今不变的道理，把目光投向干事创业的实践。用典用什么、如何用、效果如何，最终还是为了要干事，而不是成了“掉书袋”。

3. 注入打动人心的力量

要想让文章有激情、有气势，让人愿意听、愿意读，就得为它注入打动人心的力量。文以气胜，事以理成。要传递正确的价值观，使文章充满气势，具有思想和逻辑，才能打动人。

为文有三个层次，首先是情怀，其次是见识，最后是文字。情怀指

① 习近平：《在联合国教科文组织总部的演讲》，《人民日报》2014 年 3 月 28 日。

的就是价值观，是思想底牌；见识指的是视野，是经验，是逻辑，是思维方式；文字指的是笔法，是语感，是格调。如果一开始就本末倒置，就很难有真正的建树。

文章的价值观是从哪儿来的呢？它不是自然生长出来的，也不是作者之外的人附上去的，只能来自写作者本身，是写作者所秉承的价值观、思想品格和精神信念的体现。

鲁迅先生说过一句话：我以为根本问题是在作者可是一个“革命人”，倘是的，则无论写的是什么事件，用的是什么材料，即都是“革命文学”。从喷泉里出来的都是水，从血管里流出的都是血。

这就是说，写作者的理想、情操和审美眼光，对文章的品格和价值是起决定作用的。李大钊有句话：“铁肩担道义，妙手著文章”，是对新闻记者的要求，也可以视作是对所有写作者的要求。

如何树立正确的价值观？可以从三个方面加以修炼。

第一，要坚持“以道驭术”的正确价值导向。价值观是道，各种各样的方法和技巧都是术，始终做到“以道驭术”，才是写好文章的第一法宝。要让自己有独立人格和良好品质，有高尚的精神力量，把自己塑造成有思想、有灵魂的人，这样所写的文章也一定具有气质、品格和感人之处。

第二，保持“文章寸心事，得失千古知”的责任感。这里把诗圣杜甫的诗句做了一点修改，意思是为文要对得起自己的良心，得与失就交给时间去检验。坚持真心为文，只有充满真情实意的文字，才能引起受众共鸣，只有先打动自己的文字，才有可能打动别人，而虚情假意、矫揉造作的文字，会让人心生厌恶。坚持实事求是，说实话，谈实情，写实事，写出真正有分量、有价值，经得起时间和历史检验的好文章。

第三，还要树立“书生报国无长物，唯有手中笔如刀”的抱负追求。写文章的过程是艰辛的，但既然要写，就应该让自己的笔发挥应有的作用，体现自己的人格和素养，体现自己的价值与追求，运笔如刀，激浊扬清。

价值观说起来确实很抽象，如果说要具体化的话，一个有追求、有抱负的写作者，至少应该做到“三有”和“三无”：要有一片公心，要有一股正气，要有一腔热情。无邪，不被歪风邪气所染；无私，不为一己私利所蔽；无偏，不因个人好恶所偏。

有了正确的价值观，并不是说就一定能写出上好的文章，要打动人心，从文本上说，还要有外在的气势和力量，就是我们前面讲到的六个要素之一的文气。读不同的文章，有的让人神清气爽，痛快淋漓，而有的读下来磨磨唧唧，头昏脑涨，它们给你不同的感受，其实就是文气好坏的体现。

文章有气，才能显示生命活力，才能以气势感染人。一篇文章中的文气，是作者内在精神气质在文中的映现，作者先天禀受的生命力与后天养成的思想、个性、气质等，通过意象和文字符号等表达出来，和我们前面说的价值观是紧密相关的。

好的文章是文气通畅的，具体体现为意气、气势与气脉三个方面。写作时也要从这三个方面加以把握。怎样才能做到文气畅通呢？首先，作文前应精心构思。如果写之前已经作了足够的知识储备和思想准备，那么一动笔，就好比装满子弹的机关枪扣动了扳机，几百发子弹瞬间就扫射了出去，这样在文气上自然是可遇而不可求的。如果储备不足、想得不够，就应该多花一些时间构思整体框架，谋篇布局。顶层设计做好后再具体成文，这样在文气上就不会差到哪儿去。

其次，行文时应一气呵成。有了完整构思和观点素材等方面的准备，动笔的时候，要有自信心，胸有成竹，一气呵成。按照框架设计的预定目标往下写，一时缺的东西，宁肯初稿写好后再补上，也不要停顿。保持充足的创作欲望，这是保证文气通畅的前提。凡是勉强写出来的东西，从文气角度考察总会不太理想。

第十章
写作中的逻辑运用

有句话说："汝果欲学诗，功夫在诗外。"写作也是这样。写出好文章，需要懂一些哲学和逻辑学的知识，需要具备问题意识，善于调查研究，这些都是"诗外功夫"。这些方面的工作，是思想力的来源，其实是一种有意识的思维训练。

一般人都具有与生俱来的思维和表达能力，但是，这样的能力并不是经过严格思维训练后形成的逻辑能力，难免具有习惯性和随意性。平常写文章有时会出现的"跑题""文理不通"等问题，其实都是违背逻辑规律造成的。

思维能力就像肌肉，需要经常锻炼才能提高。只有通过学习和运用逻辑，才能由自发的直觉思维上升为自觉的逻辑思维，从而掌握正确思维的规律，增强表达的精准和效率，避免犯逻辑错误。

我们先总体上概述一下逻辑思维的作用，再从几个方面讲解写作中逻辑的表现形式。

一、逻辑思维的作用

逻辑是人们正确思维、论证和表述的重要工具，而写作本身就是在运用概念进行论理。概念、判断、推理、归纳与演绎，既是写作的基本方法，也是逻辑学的基本要素。懂得和用好了逻辑学，可以提高写作时使用概念、提出命题和进行推理的本领。

运用逻辑规律，对于写作的作用可以概括为以下几点：

1. 逻辑是认识问题、分析问题的必要工具

构思与写作时，人的思维认识也在活动，在这个过程中，我们可以根据逻辑知识，将已知的一般原理、规律性的知识应用到个别事物上去，从而得出新的结论；也可以由已知的个别的知识概括出一般性知识，从而扩大知识原理的适用范围。

比如，要写国际化发展的题目，就可以联想到我们国家“一带一路”倡议提出的“政策沟通、设施联通、贸易畅通、资金融通、民心相通”这“五通”，在自己的业务发展中有哪些体现，这样一结合就能得出不错的观点。

2. 逻辑是提高语言表达能力的工具

有时候一些文章表达思想不明确、不清晰，既有语法、修辞问题，也往往有逻辑问题。要提高思想表达效果，就应该做到观点明确、用词恰当、文理通顺、条理清晰、富有说服力，这些都与逻辑密切相关。

比如，我们写作培育国际化新业务的文章时，用什么标准来衡量它是否具有优势，可以从几个特征出发来考虑：能够构成长期竞争优势（时间约束）；能够成长为支柱业务（规模约束）；盈利前景能否有保障（效益约束）。所以运用逻辑思维，就能做到思考清楚，观点明确，表达准确。

3. 逻辑还是我们掌握和学习新知识的工具

任何一门学科都是由一些基本概念和命题组成的，都有独立的范畴体系。而概念之间的关系、命题之间的推演、某个结论的证明，都是建立在逻辑规律基础之上的。

如果我们具有一定的逻辑知识，就可以按照素材之间的固有联系，分析它的内在结构和各部分之间的逻辑关系，从而快速学习，结构性地把握一个新领域的知识，高效完成一篇文章的逻辑再造与重构过程。

还以写国际化发展的题目为例，可能对刚接触这个领域的写作者来说，有些内容是相对陌生和专业的，那么可以从基本概念和术语入手。比如，国际并购、产业转移、国际分工、跨境贸易、市场换技术等，厘清其中的逻辑关系和概念之间的相互联系，把握内在规律，了解相关领域的大致知识，为写作打下基础，也加深了对专业知识的理解。

4. 逻辑还是识别和揭露思维错误的重要工具

掌握了正确的思维方式及其规律规则，就可以自觉发现和避免逻辑错误，澄清糊涂观念。

我们经常会发现一些文章中出现概念混淆、因果倒置、同题反复、循环论证、文题不符、以偏概全等逻辑错误，如果懂得逻辑知识，就能很轻易地发现这些错漏，加以纠正和补救，使文章更具说服力和逻辑感。

我们重温一下毛泽东的一段话，深刻理解逻辑的重要性："文章和文件都应当具有这样三种性质：准确性、鲜明性、生动性。准确性属于概念、判断和推理问题，这些都是逻辑问题。鲜明性和生动性，除了逻辑问题以外，还有词章问题。现在许多文件的缺点是：第一，概念不明确；第二，判断不恰当；第三，使用概念和判断进行推理的时候又缺乏逻辑性；第四，不讲究词章。看这种文件是一场大灾难，耗费精力又少有所得。"①

① 中共中央文献研究室编：《建国以来重要文献选编》第 11 册，中央文献出版社 2011 年版，第 47—48 页。

世界上的事物是有机联系、相互影响的，它们之间存在着内在的逻辑关系。文章是客观事物的反映，它的部分与部分之间、段与段之间、句与句之间，同样有着一定的逻辑关系。把事物之间的关系理清了，文章也就好写了。逻辑关系不清，必然导致思维混乱，导致文章结构和文字表达混乱。

二、要素组合的逻辑

各种文章中涉及的大部分问题或现象，概括起来说，都可以归于“类”“因”“果”“法”四个角度，或者说具有这四种属性中的某一种。

“类”即“性质”“类别”，回答“是什么”的问题，体现为情况、现状、问题；

“因”即“原因”，回答“为什么”的问题，体现为原因、做法、经验；

“果”即“结果”“效能”，回答“怎么样”的问题，体现为成效、收获；

“法”即“方法”“路径”，回答“怎么办”的问题，体现为措施、办法、要求、建议。

这种“类”“因”“果”“法”的逻辑思路，将文章的逻辑结构划分为四个逻辑单元，每一逻辑单元解决一个问题，它们分别为“是什么”“为什么”“怎么样”“怎么办”。不同的文章，不同的内容要求，其具体逻辑结构也会有所侧重。

在领导干部的写作中，一般有以下三种主要的组合方式。

第一种，“果—因”（或“因—果”）关系组合。这种文章的内容是一种“果因”（或“因果”）的逻辑形式，即前一部分叙述结果，后一部分叙述原因（或前一部分叙述原因，后一部分叙述结果）。这样的结构形式多用于总结、工作报告中。

第二种，“因一法”或“类一法”关系组合。这种组合一般为两个部分：第一部分说“因”——事情的原因或状况。第二部分说“法”——解决或处理的问题的办法。这种形式多见于通知、通告、公告、决定、意见等文体写作中。

第三种，“类—因—法”关系组合方式，多见于调查报告的写作中。这种“三段式”的内容结构，第一段说“类”——“是什么”的现状、情况；第二段说“因”——什么原因导致这种情况的出现；第三段说“法”——解决问题的方法、路径是什么。

以上说的是三种主要的基本组合方式，但由于文体多种多样，逻辑结构不仅限于以上三种。不同的文种及其内容结构，无非是按照一定的思维逻辑，对上述四方面内容的有机组合。

比如，给上级单位提交的动态信息，就是类—果的组合；与兄弟单位交流的经验材料，是类—果—因或类—果—因—法的组合；向上级提交某方面工作的综合报告，是类—因—法或类—因—果的组合；就某个问题进行调查研究形成的调研报告，是类—因—法的组合；就某个具体的迫切问题呈报上级的请示，是类—法或因—法的组合；贯彻落实上级精神的情况报告，是法—果或果—法的组合。

也就是说，我们在考虑文章的逻辑时，可以首先从它所涉及的问题与现象归属于哪一种属性着手，将其划分为类、因、果、法四种当中的逻辑单元，然后根据文种和写作的需要，对其进行安排和组合，从而体现合理的逻辑结构。

三、内容排列的逻辑

前面我们说过，文章内容是由一个个大大小小的意群构成的。因此，写实内容先要从写实意群开始。“意群”这个概念，有助于我们理解和处理文章中的逻辑关系。这些逻辑关系，在意群内部以及意群与意群之间，无时无刻不在发挥作用。要写实意群，必须运用好这些逻辑关系。

一篇文章中涉及的逻辑关系常常是多种多样的，但常见的逻辑关系主要有总分关系、主次关系、并列关系、递进关系、点面关系、因果关系、定性与定量的关系、虚实关系八种，需要在写作时把握好。

一是总分关系。也就是纲目关系，即所谓纲举目张。好比树的主干与枝丫的关系，主干是统领枝丫的，两者不能平列更不能颠倒。

二是主次关系。也就是重点与一般的关系。它们之间本身并没有隶属关系，但相互之间联系密切，是影响与被影响的关系。要找出主要矛盾和矛盾的主要方面。

三是并列关系。相互之间不相隶属又相对独立的一种关系。这种关系出现的概率更高。天时、地利、人和；人、财、物；物质文明、精神文明、政治文明、生态文明；经济建设、政治建设、文化建设、社会建设、生态文明建设、党的建设；等等。

四是递进关系。这是同一种事物不同发展阶段的关系。时间上的递进：古代、近代、现代、当代；空间上的递进：国际、国内、本地；学习上的递进：武装头脑、指导实践、促进工作。

递进关系，有时也是一种特殊的并列关系，如季节中的春、夏、秋、冬，人生中的幼年、少年、青年、中年、老年，这其中每一阶段可以说是并列的，但它们又是有秩序的，不可以随便打乱编排。

五是点面关系。面是由众多的点组成的，为了说明面的情况，我们可以用点的事情来作为例子。这一方法经常用，关键是“点”的选择必须与“面”是存在内在联系的，是可以做到以点带面的。

六是因果关系。事物之间存在必然的因与果的关系。揭示因果关系，可以增强文章的说服力和感染力。但这种关系不是人为制造出来的，而必须是客观存在的。它是文章内在逻辑关系的基础和核心，它有时需要明白指出，更多的时候体现在文章的整体构架和文字表述背后，而不必明白指出来。

七是定性与定量的关系。事物的发展有一个从量变到质变的过程。对一件事情的判断，定性的说服力常常不如定量的大。定性是一种大体判断，而定量则是一种精确判断。能定量说明的最好定量，但也不能绝对，数字要用得恰到好处，好钢用在刀刃上。

八是虚实关系。以虚带实，虚实结合。所谓虚，就是文章要有灵魂、有高度、有理论支撑；所谓实，就是文章要有数据、有案例、有事实支撑。虚实的比重取决于文章表达的需要，没有一定成规，但两者必须紧密配合，融为一体。

四、运思行文的逻辑

在写作当中，其实有两个层次的逻辑。一是文面逻辑，或者叫文本逻辑，就是文本所体现出来的外在逻辑；二是运思逻辑，或者叫思考逻辑，就是在写作思考当中所遵循的逻辑。从运思的角度来说，主要有以下几个方面。

1. 在确立主旨中体现逻辑

主旨即主题，是中心思想或基本观点，是文章的灵魂和统帅。要形成正确的、新颖的、有价值的观点，不能靠主观杜撰，而是要建立在素材和事实的基础上，靠文章的逻辑来展现。

毛泽东同志告诫说，写文章要处理好材料和观点的关系，强调“材料应与观点统一”，要把材料经过大脑的加工，贯通起来，形成系统的看法。这种从材料中获得主旨的抽象概括过程，是一种严密的逻辑思维过程。只有运用逻辑思维，才能面对杂乱的材料理出头绪，梳理清楚，找到鲜明的主旨。

主旨的确立一般靠两种方法：第一种是归纳法。归纳法是“特殊到一般”的推理方式，根据事物相同点抽象出事物本质特征的方式。比如，许多工作通知、意见等的制作，就是根据现实中的共同性问题，及时予以归纳作出的指导性意见。

第二种是演绎法。演绎法是“从一般到特殊”的推理方式，依靠抽象思维的方式，舍弃具体表象，抽取出事物本质特征。演绎法的运作方式是“三段式”，即“大前提—小前提—结论”的推导方式。这种逻辑推理方式，即运用抽象思维的方式，分析出事物的本质特征，写出切中要害、见解精辟、态度鲜明的话语，多用于通报的分析评议和简报的评论性按语写作中。

运用归纳法、演绎法揭示事物本质特征的逻辑思维能力，对于写作来说是形成精辟鲜明的观点的关键。

2. 在思维方式上体现逻辑

不同人的思维方式是不一样的，不同的思维方式在处理信息和思考问题时，所具有的逻辑性是不一样的，产生的结果也是不一样的。

从不同的角度划分，常见的思维方式包括发散思维和收敛思维、散点思维和系统思维、常规思维和逆向思维、线性思维和非线性思维、静态思维和动态思维、精准思维和模糊思维、感官思维和结构化思维等。写作中，需要克服的是散点思维和线性思维，更需要的是发散思维和结构化思维。

散点思维，也叫点状思维，是指信息片段孤立地散落在大脑中，处于跳跃状态，彼此之间没有关联，在处理信息时表现为固定化、程式化。这也是人最早掌握的一种思维方式，但它无法处理复杂的问题，所以也无法满足写作所需。

线性思维，是把认识停留在对事物的直线的、单向的、单维的认识上，并以这样的认识为出发点的片面、直观、直接的思维方式。线性思维只能沿着一条线索往前推进，是相对机械的思维方式，容易导致简单归因等逻辑错误。

发散思维，是指沿着不同的思维路径和角度，从不同的层面和关系出发来思考问题，并在此基础上优选出最佳的解决问题的方案。一般来说，很多事物具有复杂的结构和多种属性，因而解决问题的方法也应是多元的，所以发散思维是通常情况下比较合理的思维方式，有助于找到解决问题的理想方案。

结构化思维，在前面已介绍过，也叫框架思维，是指思考分析问题时，首先进行准确界定，然后以假设为先导，罗列问题构成要素，并对要素进行分类，对重点要素加以分析，寻找对策，制订行动计划。可见，结构化思维是一种思维方式，也是一种管理方式。

结构化思维的实质，是以构建与客观世界结构性相对称的体系框架，并置分析之事物于其中以获得分析结论的过程。文章是对客观事物的反映，写作的思考逻辑与结构化思维是同构的，所以在写作时正确使用结构化思维，有助于深化思考。

3. 在作出判断时体现逻辑

在写作中经常要作出判断，在每一次作出判断时，需要清楚知道这一判断的依据是什么，界定范围是什么，背后逻辑是什么。

对事物的判断可以分为两种：事实判断与价值判断。事实判断是对事物本身事实的描述，比如“这朵花是红的”；价值判断是对事物性质和价值的指陈，比如“这朵花很美”。当写作中需要作出带有主观色彩的价值判断时，应该以事实判断为基础，或者至少是符合事实判断的，而不是脱离事实的主观臆断。

与事实判断与价值判断相应的，还有一组概念，就是实然判断与应然判断。

实然性，也叫已然性，是指事物的客观现实状态，就是事物目前是什么样子，已经具有的情状，使用的是描述性规则。比如，今年的工作取得了什么实际成果等，它是客观事实，只涉及真与假之分，这在工作总结、报告、经验材料等文种中经常需要用到。

应然性，是指事物应该有的样子，理想中需要具有的状态，带有主观目的和意图，使用的是规范性规则。比如，明年的工作目标是什么，下一步工作应该有什么要求等，它是主观投射，涉及应不应该、行不行、正确与否等判断。这在请示、工作报告、调研报告、领导讲话等文种中经常用到。

此外，写作中还会出现或然判断与必然判断。或然性，是指带有一定偶然性的结果，具有不确定性，一般会有“可能”“想必”等加以界定；必然性，是指确定无疑会出现的结果，一般搭配“一定”等修饰语。

在不同情形和语境下，准确把握和使用以上不同的判断，能使文章描述的事实和观点的表达更符合逻辑。

4. 在把握结合时体现逻辑

写作当中，有许多相对方的结合，需要做好结合的文章。比如，理论与实践的结合，历史与现实的结合，上情与下情的结合，等等。

在把握这些结合关系时，一方面，要理顺二者之间的关系，让事物的两个方面符合一定的逻辑，使之相辅相成，不能混为一谈，也不能有所偏废；另一方面，要抓住主要矛盾和矛盾的主要方面，注重二者当中起主要作用的一方，而不能主次颠倒。

五、层次顺序的逻辑

要想整篇文章体现清晰的逻辑性，不仅仅是在运思和行文上，还要体现为内容布局具有逻辑性，具体就是内容的分段以及段落之间的排序。

段落的排列顺序，一般有如下三种。

1. 时间顺序的逻辑

就是按照时间的先后次序，体现工作进展的过程。如果将其行文顺序加以变动，就不符合逻辑了，这也体现了时间上的逻辑性和严谨性。

比如，一个总结某个大型项目建设过程的总结报告，一般按照“项目设计、项目实施、竣工验收”这样的时间顺序来说，如果颠倒次序，既不符合实际情况，也不合乎逻辑要求。

2. 空间顺序的逻辑

就是按照空间地域的顺次排列，这种顺序一般也是固定的，不能随意打乱。空间顺序分两种，一种是通用的、共性的。比如，先讲本地、再讲国内、最后讲国际，或者反过来也可以；先讲中央、然后讲省级、再讲市级、最后讲县级，由大到小，或者反过来由小到大也可以。

另一种是个性化、因地制宜的，每个单位的情形不一样，根据各个地域的重要性和权重，每个单位的排序有所区别。比如，同样是华北、华东、华中、华南几个区域，在甲单位可能是一种排序方式，而在乙单位是另一种排序方式。不管是哪一种，都应该是符合一定的逻辑且自洽的。

3. 意义顺序的逻辑

就是说在内容的排列顺序上，应关注轻重缓急，把最重要的内容放在第一段，把次重要的内容放在第二，依次排列。

比如一篇《信息化工作座谈会纪要》，内容有三部分，排列顺序是："一、把握信息化工作的本质规律 ""二、明确信息化工作管理的理念""三、推进信息化工作的具体措施"。文章的三部分内容的关键词是"规律""理念""措施"，三项内容相比较，"理念"无疑是最重要的一项，也是文章的主旨所在，它应当放在第一的位置统领全文，"规律"其次，"措施"再往后。

六、概念、判断、推理的逻辑

概念、判断、推理是基本的逻辑概念，也是写作中需要注意的逻辑命题。一篇好的文章，应当注重概念明确、判断恰当、推理合乎逻辑，熟练运用同一律、矛盾律等逻辑规律。

1. 要正确判断概念之间的关系

常有因为对一些概念的意思和含义不了解，导致在写作时犯概念错误。在写作过程中，如果遇到某个概念不清楚或者不理解时，需要认真细致地查询，弄清楚概念及其相互之间的关系，之后才能下笔。比如，两个概念之间本该是种属关系的，不能混淆为并列关系，否则就会犯错误。

举个例子，某位同志写的文章中，将一组数字“1×1000”误写为“1000×1”，被上级领导狠狠地批评了一顿。这个同志很不服，问领导两者有何不同？领导训道：“你跟一个女孩约会1000次，与跟1000个女孩各约会一次，能是一回事吗？”这个同志在逻辑上犯了“概念混淆”的错误。

2. 要正确运用同一律

在写作中，同一律是指在同一个时间、同一个条件下要始终保持一种观点或一种概念。它的主要形式是“A就是A”“如果A，那么A”。同一律在一定程度上保证了思维逻辑的确定性，确保了文章逻辑严谨。

违反同一律的主要形式是偷换概念，也就是说在写作中，把大概念和小概念彼此调换了；或者以偏概全，以小代大，以次充好。其共同特点都是一开始说“A就是A”，说着说着就变成了“A就是B”，至于A和B是不是同一个事物，往往就顾不得了。

比如，写一篇关于海外市场开拓的情况报告，那么在这个既定的主题下，内容的范围就是关于海外市场开拓的，如果写着把这个概念扩展到对外合作上，把引进外资的内容也写进去了，那很明显就是混淆了概念。

正确运用同一律，要求我们在同一条件下、同一时间内能够确保思维不紊乱和一致性，如果要从一个概念跳跃到另一个概念，一定要说清楚二者之间的关系，保持逻辑的完整与周延。

3. 要正确运用矛盾律

矛盾律是指在写作过程中，会用到很多的观点，但是在一篇文章中不能出现观点相互矛盾的情况，如若 A 和 B 相互矛盾，也就是 A 若是真，那么 B 就是假的，两者不能相容。一篇文章在同一个思路下，观点得统一，不能前后矛盾，出现“自打脸”的情况。

比如，写一篇关于加强资金集中管理的文章，那么围绕这个主题，就要说清楚这样做的必要性，加强集中管理有利于提高管理效能、有利于防控风险，等等，如果说着说着又说到集中管理不利于调动下级单位积极性等观点上来，那观点就互相“打架”了，这篇文章的权威性和说服力就荡然无存。

自我否定是写作中的一大忌，它不仅会影响到文章的严谨性，也会使文章的逻辑紊乱，冲淡文章的主题，打乱文章的结构。

4. 要注重充足理由的可靠性

充足理由在写作中起到很重要的作用，它的形式是由 B 可以推出 A，如果 B 是真的，那么我们可以进一步推出 A 也是真的。

这就是说，在一个理由充分的条件下，在判断和推测中有一个逻辑的联系，要推测一个结论，先要保证用来推断的理由是正确的，不然将会出现理由不正确的错误，那么在判断和推测之间的逻辑关系断裂，结论就不能推出来或者不成立。也就是说，只有理由充分和依据正确，才能推断出观点。

所以，在写作的时候，一定要有充足的理由去验证观点，才能把这个观点写在文章中。例如，生活中有人说：“我不是法官，我还学什么法律！”对于具备逻辑知识的人来说，就很容易发现其错误所在。我们稍加分析便不难发现，这话实际上是一个省略的三段论推理，中间那句省略的是小前提："我不需要懂法"。此推理尽管前提真实，结论却是虚假的。因为它违反了三段论推理规则"前提中不周延的项，在结论中也不得周延"，从而犯了"大项扩大"的逻辑错误。

七、语言表达与文法的逻辑

文章的逻辑性，除了论理层面的严谨缜密，还表现在文章的语言严谨、文法准确、逻辑周密上。

大家都知道，毛泽东是遣词造句的大师，他的文章既有思想的力量，也有艺术的感染力和强大的逻辑力量。新中国成立初期，一些报纸、杂志、书籍上的文字以及党政机关的文件在语言运用方面存在着混乱状况，毛泽东注意到这一点，要求规范语言的使用，强调写文章要讲文法、修辞、逻辑。

他说，讲究逻辑，是指"使用概念和判断进行推理的时候要有逻辑性""必须注意各种词语的逻辑界限和整篇文章的条理""开头、中间、尾巴要有一种关系，要有一种内部的联系，不要互相冲突"，也就是说，要注意文章的准确性、条理性和前后的一贯性，这些观点对于我们有很大的启发意义。

写文章要注意语言表达精准和文法得当，避免一些常见的逻辑错误和语病。这些错误的出现，既有遣词造句上的不当，也常常表现为逻辑错漏。

比如，一家非上市公司发文变更上市公司股权，需经上级部门决策或授权同意，但该公司发文时未表明是否征得上级同意或授权，这属于行权不规范的问题。

某企业安全生产管理办法中写道，“需要对事故责任进行组织处理的，按照有关规定执行；构成犯罪的，依法追究刑事责任。”企业没有权限追究刑事责任，这属于主体不适当。

某合资公司只有两个股东，章程中有这么一句，“对第十七条中除第七、第八、第十二项之外的其他项作出决议的，必须经代表二分之一以上表决权的股东通过”，就与实际不符。因为“二分之一以上”未对是否包含基数进行限定，存在不论哪一方提议都能通过的很大可能，不利于维护任何一股东方的权益，这就属于表意不清晰。

还有文法上的搭配不合理。比如，“目前，对明年及未来世界经济走势，则是众说纷纭，仁者见仁。”一般来说，“仁者见仁，智者见智”是针对个体而言，而非针对群体，这里的准确搭配应该是“众说纷纭，莫衷一是”。

再如，“一个职工能否成功，一是要态度端正，二是要有工作热情，三是要善于学习总结，四是要甘于奉献。”这里前面用“能否”，后面用的都是肯定句，搭配不当。

语序不合理，也会带来表达的混乱。比如，“XX 部门已于 8 月 30 日召开了表彰先进个人会议，XX 主任和其他部门的领导同志出席了这次会议。”准确说法应该是“XX 主任和部门的其他领导同志”，这才前后一致，表达准确。

第十一章
常见问题与修改要旨

王鼎钧先生写过一套教人写文章的书，叫作《作文四书》，自序中有一段话让人感受很深，他说："我是赤着脚走路的那种人，路上没有红毯，只有荆棘。中年以后整理自己的生活经验，产生了一个疑问，当年走在路上，前面明明有荆棘，为什么走在前面的人不告诉我呢？前面有陷阱，为什么没有人做个标记呢？前面有甘泉，为什么去喝水的人不邀我同行呢？经过一番研究，我知道一般人在这方面是很吝啬的。于是我衍生出一个想法：我一边赤脚走路，一般把什么地方有荆棘、什么地方有甘泉写下来，放在路旁让后面走过来的人拾去看看。"话说得极为恳切，本书作者与他的心情是一样的。

本章归纳了实际工作中经常出现的问题以及修改心得，从"不要这样写"这个角度，把"荆棘"圈出来，把"甘泉"引出来，让读者少走一些弯路。

一、常见问题

文章中的常见问题多种多样，归纳起来也有一些共性特点。可以从几个大的方面来归纳概括。

一是主题方面，经常表现为主题不鲜明，标题不醒目，以及文题不符。有的文章主题不集中，多条主线，四面出击，没有紧扣一个中心任务来布局。这是一个很普遍的现象。大部分文章应该做到一文一主题，否则就会散乱无章。有的文章标题归纳不准、提炼不够、概括不好，缺乏画龙点睛之效。还有的文章题目与内容不吻合，甚至相去甚远，观点与内容不相匹配，外延与内涵不相适应。

二是结构层次方面，经常表现为结构不严谨，层次不清晰，四梁八柱的支撑不够有力。结构不好，主要在于思路不清，逻辑混乱，内容主次、轻重不当。有的文章大结构没有问题，但内部层次不清晰，段落划分不恰当，相互之间缺乏内在联系。

三是内容观点方面，经常表现为观点不明确，模棱两可，措施不够具体，内容不实。有的文章缺乏明确的立场、观点，看不出态度和意图。有的文章通篇套话空话，很多内容都是从其他地方抄来的。有的文章内容不充实，空洞无物，如工作部署和要求，看不到一个实实在在的措施。有的文章说明观点的事例不恰当、数据不准确、引用不典型、叙述不完整。还有的文章表述不恰当，主要是语法、修辞、逻辑方面的问题。这些都会影响内容表达的效果。

还有一些公文体例不规范，行文不规则。一些公文混淆、错用文种，格式不正确，行文不按程序，如越级行文，多头主送，涉及多个部门事项未协商一致就行文，报告与请示不分，非请示公文夹带请示事项，甚至直接向上级机关负责人报送公文，等等。

这些问题都是缺乏最基本写作素质的表现。这些问题之所以存在，除了写作者的理论水平、专业素质、文字功底不过关外，还有三方面原因。一是态度不严谨。重视不够、研究不深，存在随意应付想法。二是责任不到位。态度不端正，工作不细心，检查不细致。三是标准不够高。写文章是一件严肃认真的事情，如果缺乏严、准、快、细、实的标准和要求，那么就容易出现这样或那样的问题。

这里重点从八个方面，归纳总结写作中常见的问题，列出写作的主要“负面清单”，逐一加以解析，分析如何修改，让大家对“不要这样写”有所认识和警醒。

1. 无神

就是文章写得太平淡，毫无吸引力。表面上该讲的事都讲到了，面面俱到，但给人的感觉就是提不起“神”来，像白开水一样，读起来没劲。

出现这种情况，主要因为文章立意不高，不能先声夺人，又缺少新的理论概括、新的理念观点和思路，缺乏理论高度、思想深度，且对实际情况了解不够透彻，缺乏鲜明的观点和翔实的分析。由于缺乏高度、深度，只能平铺直叙，就事论事，无法提供比读者更高明的观点或者信息增量，自然难以吸引人。

对于这一类问题，要从理论上、思想上升华，给予更高的理论概括，补充有说服力的分析材料，把气势体现出来，把高度和深度讲出来。

2. 无序

一些文章虽然立意较好，也显得有高度，但逻辑不清晰，层次不分明，内容比较空洞，思路不够严谨。乍一看写得很有气势，有观点，甚至还有不少新名词，但仔细一看，具体内容比较空泛，观点与观点之间、层次与层次之间缺乏必然的逻辑联系，有的观点没有佐证的材料，或者观点与观点之间是矛盾的，观点和内容没有达到有机统一，融为一体。

这是那些具有一定理论素养、但写作功底还不深厚的人容易犯的错误。

修改时要厘清思路，理顺结构，严密逻辑，贯通文脉，补充与观点一致的内容，使文章更有条理。

3. 无骨

有些文章的内容较好，但观点缺乏提炼。主题不突出，不能引领全文。大小标题过于随意，体现不出内容的精华，显得松散疲沓。观点不突出，不鲜明，泛泛而论，比较平淡。

这往往是因为写作的人觉得想写的内容太多，缺乏前期认真清晰的构思，写作时捡到篮子里都是菜，导致内容芜杂，观点平淡而分散，不能很好地支撑全文。

关键是注重观点的概括提炼，达到观点与素材的融合，内容与立意的统一，提升标题的准确性和新意。

4. 无物

有些文章思路结构甚至观点都很好，但缺乏好的内容，下笔时找不到太多实际的东西可写，只能拼拼凑凑、抄抄拣拣，写完的文章言之无物，空洞干瘪。有的文章看起来文采很好，文字流畅、生动，气势也有，但联系实际不够，不少都是空话、大话，不接触自己的工作实际，不解决实际问题，在半空里论过来论过去。

这往往是因为写作者对实际工作缺乏深入的了解，缺乏自己的观察、思考和认识，没有内容的支撑，只能在形式上做文章，或者是出于懒惰心理，不愿做艰苦的调查研究、资料收集、内容构思等工作，奉行“拿来主义”，直接拿上级的，抄别人的，或者用自己以前的东西，生搬硬套或简单抄袭，文章自然难免空洞。

修改这样的文章最费劲，可能要推倒重来，结合实际重新搭框架、调结构、加内容。写文章可以借鉴别人好的东西，但关键要联系实际，融会贯通，把“普通话”变成“地方话”。

5. 无色

写成“官样文章”，僵硬死板，照抄照搬文件语言，四平八稳、面面俱到，或者像写论文一样佶屈聱牙、深奥难懂，总之让人感觉面目可憎、味同嚼蜡。

这往往是因为写作者缺乏对语言特点的认识和把握，表现为语言不够准确、简洁、生动，不能给人鲜活的感受，不能给人心灵的冲击，而是陈词滥调，一副八股腔，不说人话。

这样的文章要对语言进行改造，使之通俗易懂，明白晓畅，深入浅出，做到准确、鲜明、简洁、生动，让人觉得是“说人话”。

6. 无范

有些文章内部风格不统一，逻辑不一致，内容不协调，脉络不贯通，即便有的部分单个看很精彩，甚至可以独立成篇，但放在整体中看也缺乏协调与均衡，组装的时候还是得大动干戈。

问题表现为，或者是内容缺乏概括提炼，每部分都想多说一点，全面一点，讲得过多过细过于周全，喧宾夺主冲淡了主题；或者是文章布局不协调，有的占用了别的方面的观点和内容，互相抢内容；或者是不同部分“各自为政”，忽略了与主题相协同、与别的部分相呼应，以致出现内容上的遗漏和空白；或者是不同部分采用不同的逻辑思路，造成互相冲突，内容缺乏关联性和一致性，给人明显的拼凑感，脉络断续不连贯。

这些情况，可能是在构思提纲时考虑不够细或者内容摆布没有协调好造成的。

这就要靠把各个章节放在整个文章中去定位、去概括、去提炼，以体现前后呼应、一气呵成的效果。

7. 无方

有些文章站的层次比较低，跳不出局部思维的局限，立意、观点、内容、工作举措都达不到要求，行文的内容过于具体、琐碎、微观。有些文章不看对象，都是对下布置工作的写法，千篇一律，或者在向上汇报时讲大道理，写一些具体琐碎的工作细节，或者对基层下级讲一些深奥的道理、生僻名词等。

这主要是因为写作者没有把握好角色定位，不能站在使用者的角度和层面进行构思和写作，无形中拉低了层次。

要提升观点的高度和深度，善于在全局中定位、思考和谋划，善于调整角度，增强对象意识和角色意识，把握使用者和受众需求，有的放矢。

8. 无气

有的文章杂乱无章，没有整体感和一致性，逻辑不连贯，节奏不顺畅，读来艰涩滞阻，左冲右突；或者气息涣散，不能展示出足够的逻辑力量和精神力量，整篇平淡无奇，没有气势和气度，不能打动人、感染人。

对于这一类问题，要重新构思整体框架，做好顶层设计，写的时候要一气呵成，再认真修改打磨，完善文气。

二、修改要旨

在修改文章的过程中有四种境界：第一种境界可称为辨境，就是能够正确判断对错。第二种境界是正境，就是能把错误的改成正确的。第三种境界可以叫作佳境，就是把正确的上升为经典，这是比较难得的。第四种境界是悟境，是最高的境界，就是从实践中找到为文的规律、修改的方法。

写文章一意贯穿、一气呵成是值得追求的目标，但这种情况其实极其少见。俗话说："玉不琢不成器。"好文章都是改出来的，修改文章的过程也是锦上添花的过程。事实上，凡是写作的人都有这样的体会，修改文章是家常便饭。

在文章修改中，修改对象可以分不同层面，最难的是基调和主题修改，其次是结构的颠覆和重构，难度也很大，再次是内容增删或调换，相对来说容易一些，最后是字词修改，力求更加准确、表达更加到位。

一般来说，文章首先要整体上宏观地"过"一遍，重新审视全文的思想内容、逻辑思路和框架结构，对大的问题进行补救和处置。然后在微观上再"过"一遍，化整为零，分段处理，精雕细琢，打磨润色，字斟句酌，反复推敲，不放过每一个段落、字句和标点。这就是一个从整体上深加工、精加工的再创造过程。

《文心雕龙》中说：改章难于造篇，易字艰于代句。修改出一篇好的文章，难度不亚于新写一篇。那么修改应该从哪些方面入手呢？

1. 在结合上下功夫

就是正确处理主观与客观、理论与实践、个别与一般的关系，一切从实际出发，实事求是，从事实的全部总和和本质上去把握事实，防止主观性、片面性。

一是要注重调查研究。没有调查研究就没有发言权，就没有决策权。毛泽东把通过调查而实现主观与客观相统一的结合方法，概括为最基本的工作方法："按照实际情况决定工作方针，这是一切共产党员所必须牢牢记住的最基本的工作方法。"

二是运用具体分析法。研究矛盾特殊性的方法，这是从个别与一般的关系上坚持结合的方法。善于抓主要矛盾，善于分析、比较，把握事物的本质和规律。毛泽东在《矛盾论》中说："离开具体的分析，就不能认识任何矛盾的特性。"

三是运用归源检验法。以客观实践对主观世界、对理论、对政策不断地进行检验，使主体认识符合客观规律。实践是"源"，是检验信息内容是否准确的唯一标准。

2. 在剪裁上下功夫

剪裁是指对素材的取舍安排，确定详略。详其所当详，略其所当略，繁简适度，就可以使文章首尾圆和，内容与形式达到和谐一致。如剪裁失当，贪多务得，就容易繁杂琐碎，完整性和连贯性也会受到破坏。

剪裁要注意几个方面：一是要显示主题的取向。主题作为全篇的中心，居于灵魂和统帅的地位，自然决定了材料的取舍、详略。剪裁内容就是要善于识别事物的本质，选取最能突出主题的材料，其余则简略用之。

二是要体现行文的意图。写作是基于客观事物的主观行为，行文必然体现一定的目的和意图，内容的剪裁应该要配合行文意图的实现。

三是要挖掘素材的价值。既要详尽占有材料，也要挖掘好材料的价值。材料的价值具有二重性：自身价值与使用价值。自身价值即材料本身的思想意义、典型性、说服力等。使用价值是特定的语境中，材料对于表达主题的适用程度，与自身价值并不完全等同。

四是提高对读者的针对性。明确对象，了解对象需求，是信息内容设计、详略安排的重要依据。

3. 在梳理上下功夫

一是看主题是否集中。确保主题集中、明确、单一，不要意思芜杂，大小观点与主题保持一致，围绕主题展开论述。

二是看结构是否有序。结构形式是否满足主题表达的需要，层次是否清晰，条理是否有序，脉络是否畅达。

三是看观点是否醒目。观点既要正确，还要突出和鲜明，让人留下深刻印象，同时大小观点之间要形成有机的逻辑关系，对于不甚明朗或者平庸的观点，要进一步加以提炼和优化。

4. 在提升上下功夫

一是立意上的提升。提升政治站位和思想站位，使文章在立意上取胜，登高望远。

二是思想上的提升。为文章注入思想性，展现哲理性，把握规律性，体现时代性，表现在观点上有见地和创新性。

三是理论上的提升。在理论高度和深度上加以提升，展现不一样的观察视角和认识维度，并将其富于逻辑地展示出来。

5. 在锤炼上下功夫

一是从内容上修改。锤炼主题思想，精炼主体内容，加强政策性和实用性，强化逻辑性。

二是从语言上修改。做到用词造句的准确、鲜明、简洁。

三是从篇章上修改。删除意义重复的词，删除不必要的解释，删除表意不清楚的表述，删除与主题无关的内容。

文章修改的步骤归结为读、审、查、拔四个字。读，就是朗读，也叫唱稿。把整篇文章有声地念出来，疏忽的地方、语意不通的地方、衔接不顺的地方自然容易发现。

审，就是审视文章的内容和形式。包括文章的政治性、政策性，主题是否突出，观点是否准确，论据材料是否充分，事实和道理是否有说服力，结构是否合理，各层次段落之间的关系是否符合逻辑，过渡、照应是否顺畅自然等。

查，就是检查文句表达方面的毛病，改正不准确、不规范、不通顺的地方。没有表达清楚的，要改得更加清晰易懂，空话套话要改成新颖生动、形象感人的新话，一些可有可无的文字、句子、段落要大胆删减。

拔，就是提升思想高度，深化主题。这是对修改文章更进一步的要求。再一次循着构思谋篇的思路，把文章再梳理一遍，做一些提炼和升华，推敲运用一些点睛之笔，增强文章的气势，提升站位高度和思想深度。

初稿形成后，一般要重点把握好两个方面。一要把好内容关。重点看主题是否鲜明，结构是否严谨，观点是否正确，内容是否简洁，文题是否相符等；涉及政策性、规范性很强的文章，要看是否符合国家法律法规和党的路线方针政策，这要认真、细致地检查修改。

二要把好文字关。主要看表述是否准确，语言是否流畅，文字是否精炼。要特别留意括号、引号里的内容，引用内容要准确。数据、事例、标点符号也不能出差错。提高文章质量，既要重视谋篇布局、主题立意、层次逻辑等大问题，又不能忽视遣词造句、语法修辞、标点符号等小问题。

针对很多句子冗长啰唆、逻辑不清的问题，要让文字更简洁精炼，就要多用名词、动词，少用形容词，多用句式紧凑、表意明确的短句，少用复杂的长句，要避免文字的重复，少一些空话套话，语言要深入浅出、清新质朴、简明易懂。

要区分的、地、得的正确用法，不要混用。很多“的”字、“了”字事实上是可以不要的，避免“的的不休，了了不断”的情况。要正确使用主谓宾定状补等句子成分，使句子符合文法，避免病句和逻辑错误。

下面，举一个具体的例子来看一看。这是1957年12月25日，毛泽东致胡乔木的一封信，毛泽东在信中为胡乔木起草的“除四害”通知把了脉，指出了存在的主要问题。

乔木同志：

除四害通知尚有缺点，不扎实，轻飘一些。这是因为没有研究各地已经取得的丰富经验，你脑子里对此问题还很不懂的原故。现在有大批经验了，可用一个星期的时间将全国各省、市、县见于报纸的经验一齐找来仔细看一遍，边看边想，形成成套思想，然后下笔成文。至少改三遍、五遍，找彭真、刘仁及北京有经验的除害干部二三人及科学家二三人开一二次会，发表意见，修正文件，字斟句酌，逻辑清楚，文字兴致勃勃。文件可以长一点，达一千字至二千字左右也可以。总之使人看了感觉解决问题，百倍信心，千钧干劲，行动起来。内容要把人人振奋，改造国家，带动消灭人病、牲口病、作物病的道理讲清楚，这是理论。然后讲办法，也要讲得入情入理，使人觉得切实可行，没有外行话。要写这一部分，也要认真研究，下苦功钻一下。然后讲到书记动手，报纸、刊物、广播、定期扫除、定期检查等事，作为结束。两星期内写好、通过、发出也就好了。送我看一次。

莫斯科讲话，请打字送我再看一次，还觉得有需要修改之处。

毛泽东

十二月二十五日八时[①]

毛泽东审阅胡乔木写的通知初稿，指出的主要问题是“不扎实，轻飘一些”，原因是“没有研究各地已经取得的丰富经验”“脑子里对此问题还很不懂”。

可见，不了解工作的实际情况，写出的文章就会出现缺乏观点、平淡不吸引人、逻辑不清晰、针对性和指导性不够等问题，如果整天坐在办公室，了解具体业务不足，下基层不够，就会导致对实际情况了解不透。所以一定要加强业务学习和调查研究。

在指出问题的同时，毛泽东也指明了改进写作的办法，他让胡乔木用一个星期的时间将报纸刊发的各地经验“一齐找来仔细看一遍，边看边想，形成成套思想，然后下笔成文”。至少修改三五遍后，再“找彭真、刘仁及北京有经验的除害干部二三人及科学家二三人开一二次会，发表意见，修正文件”。

可见，写好文章不仅需要通过广泛阅读和调研形成认识，还需要通过多种渠道集思广益，形成贯通的行文思路，提炼出真知灼见。在调

① 《毛泽东文集》第 7 卷，人民出版社 1999 年版，第 336—337 页。

查研究、掌握实际情况的基础上，对内容进行合理取舍和剪裁，并在语言、观点上认真锤炼，才能写出好的文章，才能在修改中化腐朽为神奇。

我们从中分析研读，也可以知道毛泽东揭示的一些写作的规律和特点。首先，这封信讲了起草的步骤：第一步，通过看资料、开座谈会等，收集材料，熟悉情况；第二步，边看边想，形成成套思想；第三步，下笔成文。这是一般规律。

其次，信中讲了文件应当具有的内容，即要有事实材料，要有理论观点、说理分析，要有措施办法和要求。这对类似的文章起草都是适用的。

最后，我们通读全信可以看到，文件起草是由三个要素形成的，即古人讲的义理、考据、辞章，用现代语言讲就是观点、材料、修辞。观点、材料属于内容方面，修辞属于表现形式方面。一篇完整的文章、一份好的文件正是这三者的有机组合。

写作过程三步走，文章内容三方面，文章组成三要素。这些反映了写作的基本规律和基本方法，对于我们来说很有指导意义。

第十二章
写作通则的运用

写作有很多的通则，即通用的方法规则，不管在哪一种文体中都能用到。把通则与特定文种在特定语境下所具有的写作要求相结合，体现了共性与个性的统一。

广义地说，我们前面讲到的内容如六个要素，有些也属于写作通则的范畴，一些方法和思路可以迁移到各种类型的写作中。本章从狭义的角度，看看其他一些通则在写作中如何运用。

一、古代文论的运用

中国是文章大国，悠久的历史文化积淀了丰富多样的文学理论，这些传统文论不但对文学的发展起到十分重要的作用，对于今天的写作者，也颇具借鉴和运用的价值。

1. 义理、考据、辞章

清代桐城派代表人物之一姚鼐首次系统地提出和阐述了义理、考证（考据）、文章（辞章）三者相统一的观点，包含三层意思：一是三者作为构成“学问”“文章”的一部分，各有存在的需要和价值，不可偏废；二是三者应该互相吸收和补充，以使各自更加丰富和完善；三是三者的关系是有层次的，“义理为干，而后文有所附，考据有所归”。

义理和考据，是属于文章内容方面的问题。讲究义理就是要求观点正确，论据充分；讲究考据就是要求材料准确。辞章是属于文章形式方面的问题。讲究辞章，就是要求适合于内容的完美的形式。在三者当中，义理是灵魂和统帅，因为形式要为内容服务，材料要由观点来统领。

借鉴义理、考据、辞章的要求，对于我们写作有几点启发：一要做到观点与材料的统一，不是搬弄一些空洞的观念，却没有材料予以支撑，也不能列举了大量材料，却不能从中形成正确的观点。好的观点，不是简单的教条，不是空洞的论述，而是和具体材料结合着的正确的结论。

二要保证材料的准确性。所选取和使用的材料对于所说明的论点是足够的和必要的，并且是做了具体分析的。堆积一大堆不能说明问题的材料，是没有意义的。同时要求所使用的材料是完全准确可靠的，不论是引用事实材料还是文献材料，或者在批驳错误观点时引用错误论点的材料，都应该做到准确可靠。

三要有好的形式。如果一篇文章所讲的道理错误，引用的材料虚假，那么在形式上无论如何完美，也绝对不是好文章。但是，好的内容也需要好的形式，认为形式无足轻重也不对，不好的形式会使内容的表达受到损害。形式涉及结构、语言、章法、风格等多方面，掌握这些知识和能力，目的是运用自如，能够把内容传达得更加准确生动。

2. 结构

中国古人写文章很重视结构，称为“谋篇”“布势”“布局”。刘勰在《文心雕龙》中还称为“附会”：“何谓附会？谓总文理，统首尾，定与夺，合涯际，弥纶一篇，使杂而不越者也。若筑室之须基构，裁衣之待缝缉矣。”

意思是说：“附会”就是统率文章的义理主题，联系文章的首尾段落，决定材料的取舍，组合衔接文章章节，包举全篇，使内容丰富而不散漫。这就好比建筑房屋必须打好基础，裁制衣服要细针密缝一样。

《文心雕龙》还称，“首尾周密，表里一体：此附会之术也。”意思是说：做到文章的首尾结构周密，内外一致，这就是附辞会义的方法。

清代赵翼有诗云：“着色原资妙选材，也须结构匠心裁。”曾国藩认为，谋篇布势是写文章的“最大功夫”。古人的这些类比和妙喻，都印证了文章结构安排的至关重要性。

3. 文气

气，在中国古代是一个极其重要的概念，被认为是万事万物的本源。“文气”说将“气”从哲学范畴引入文学领域，最早见于曹丕的《典论·论文》：“文以气为主，气之清浊有体，不可力强而致。”提出了“文以气为主”的著名论题。著名哲学家李泽厚先生认为，它昭示了文的自觉时代的到来，具有跨时代的意义。

在中国这样一个有着悠久历史的文章大国，“文气”一直受到历代文人推崇，从曹丕的“主气”，韩愈的“气盛宜言”，苏辙的“气充乎其中而见乎其文”，一直到桐城派代表人物刘大櫆的“积字成句，积句成章，积章成篇，合而读之，音节见矣，歌而咏之，神气出矣”。

在后世的文学评论中，“文气”的衍生含义多种多样，有本体论的文气说（文学的本源），主体论的文气说（文本于人之元气），风格论的文气说（文气取决于作者才性气质），鉴赏论的文气说（知人论文）。

从写作的角度来说，“文气”更多的是从创作论的角度来说的，即文中之“气”是作者所禀之气在文中的映现。作者所禀之气既含先天禀受的生命力，又包括后天形成的思想观念、气质、个性在内，它们依靠人的生理之气的运行，通过建构意象、排列文字符号映现出来。

历史文学大家都论述过文气，内涵包括意气、气势和气脉等，一些观点到今天依然很有启发。

比如关于文章的意气，两宋之交时期的李纲认为：“文章以气为主，如山川之有烟云、草木之有英华，非渊源根抵所蓄深厚，岂易致耶？士之养气刚大，塞乎天壤，忘利害而外死生，胸中超然，则发为文章，自其胸襟流出，虽与日月争光可也。”

关于气势，宋代大儒朱熹说：“气势之说，如所云笔所未到气已吞、高屋建瓴悬河泄海。”“行文要紧健、锋刃快利，忌软弱宽缓。”

关于气脉，唐代的李德裕说：“气不可以不贯，不贯则虽有英辞丽藻，如编珠缀玉，不得为全璞之宝矣。”可见，如果文气不能贯通，即使堆砌再多的华丽辞藻，也像串起来的零星珠子，不能成为一块完整的美玉宝石了。清代的曾国藩说：“行气为文章第一义，卿云之跌宕、昌黎之倔强，尤为行气不易之法。”

4. 神思与虚静

古人作文非常讲究构思，刘勰在《文心雕龙》中称之为“神思”。他写道：“古人云：‘形在江海之上，心存魏阙之下。’神思之谓也。文之思也，其神远矣！故寂然凝虑，思接千载；悄焉动容，视通万里；吟咏之间，吐纳珠玉之声；眉睫之前，卷舒风云之色；其思理之致乎！故思理为妙，神与物游。神居胸臆，而志气统其关键；物沿耳目，而辞令管其枢机。枢机方通，则物无隐貌；关键将塞，则神有遁心。是以陶钧文思，贵在虚静，疏瀹五藏，澡雪精神。积学以储宝，酌理以富才，研阅以穷照，驯致以怿辞，然后使元解之宰，寻声律而定墨；独照之匠，窥意象而运斤：此盖驭文之首术，谋篇之大端。”

这段文字可以说是把文章构思的重要性、特点、方法和途径进行了淋漓尽致地阐述，用它来指导文章的构思，非常有帮助。

刘勰提到一个重要的概念："神与物游"。就是说构思文章时，要让想象与外物相接触，深入思考对象的机理，让思想自由翱翔。首先是理解，用自我精神去认识外物的本质，其次是精神与外物合二为一，结伴驰骋，再之后精神与外物已经浑然一体且已分不清彼此，精神用外物的眼睛观察万物。

在文章构思中追求"神思"，就是把自我代入思考对象，以物为主体观察世界、思考外物，进入物我两忘、物我合一的境地，俗称进入了"状态"。在这种状态下，人的头脑当中都是思考对象，思维处于自由状态，各种想法和念头在心中激荡，由于思维集中到了某个地方，"思想的压强"增大，往往会有出其不意的想法出现。

清代黄叔琳在《文心雕龙札记》中注解指出："此言思心之用，不限于身观，或感物而造端，或凭心而构象，无有幽深远近，皆思理之所行也。寻心智之象，约有二端：一则缘此知彼，有斠量之能；一则即异求同，有综合之用。由此二方，以驭万理，学术之原，悉从此出，文章之富，亦职兹之由矣。"

这就是说，"神思"是一种超越时空、物外的神远之思，专心致志地思考，思绪就可能联结到古往今来之事。简单说，"神思"有些类似于现代所说的形象思维或者发散思维，这正是包括文学在内的一切艺术形式最为推崇的思维方式。因此，在写作中运用这种"神思"，往往能够产生使人眼前一亮的想法，带来意想不到的惊喜。古人说，"立身须谨慎，为文且放荡"，也是这个道理。

西晋的陆机还提出构思时的创作心理——"虚静"，指的是人的精神进入一种极端平静的状态，这样事物的丰富性和本质性就会展现在眼前。

道家学派创始人老子提出的修养主旨为“致虚极，守静笃”，认为世间一切原本都是空虚而宁静的，虚静就是要人摒弃世俗杂念，抛弃功利欲望，进入一种纯粹明净，与天地万物化合为一的思想境界，精神上进入“无知、无欲、无为、无事、无我”的平静状态。

所谓“心虚则无物不容，心静则察知万物”，写作者在构思时进入虚静状态，心思专一，精神集中，全神贯注于文章的构思，往往有助于提升思考的广度和深度。

文论大师周振甫说：“虚是不主观，静是不躁动。”有了主观成见就不可能看到外界的真实情况，心情浮躁，感情用事，不可能深入细致地考察和思虑。

要想做到神与物游，酝酿好的文思，着重在于虚心和宁静，心境安泰，精神爽朗，清除心中的成见，使精神与客观之物相交融，才可以让最精华的思想“沿耳目”到达心灵，从而触发人的无意识，产生最精华的思想。

与虚静相关的还有一个概念“玄览”，就是说把内心当作一面镜子，清扫拂拭，自鉴自察，不染外物，这样万物就会自然呈现在面前，为人们所认识。《老子》中有言：“涤除玄览，能无疵乎！”从复杂多样的耳闻目见的感觉经验中挣脱出来，站在更高处去认识，做到胸无成见，虚以待物，头脑清醒，静以观物。

5. 炼字、炼句、炼篇与炼意

古人写文章很讲究炼字，有“两句三年得，一吟双泪流”“吟安一个字，拈断数茎须”这些话。现在也有句话叫作“写稳一个字，九牛拉不出”，说明写文章应该认真遣词造句，更好地表达内容需要。

所以要追求文字精练、文风朴实，力求用语真实准确无假话、严谨庄重无虚话、简明扼要无废话、平实易懂无大话、鲜明生动无套话。当然，锤炼字词并非只是为了写好一个字、一句话，更是为了全篇立意的彰显和观点的表达。如果过分追求新奇，拘泥于一字一句的得失，那就反而流于匠气，甚至成为败笔了。

文学家刘熙载说：“炼篇、炼章、炼句、炼字，总之所贵于炼者，是往活处炼，非往死处炼也。”清代沈德潜也说，“古人不废炼字法，然以意胜，而不以字胜。”不管何种要素、哪种方式的修改，最终都应该服务于立意或主题的表达。

由此可知，炼字固然重要，但切不可走入雕词琢句、寻章摘句的歧途。炼字、炼句、炼章、炼篇的目的都是在炼意，只有服从于炼意，力求语意两工，才是正道，是真正的“往活处炼”。

古人说的炼意，是指提炼文章诗词的主题，也就是讲求如何围绕主旨进行艺术构思的过程。

古人对“意”格外重视，魏文帝曹丕说：“文以意为主，以气为辅，以辞为卫。”苏东坡说：“善画者画意不画形，善诗者道意不道名。”王夫之说：“意犹帅也，无帅之兵，谓之乌合。”李渔说：“意新为上，语新次之，字句之新又次之。”

可见，中国古代的艺术大家们都十分重视立意，无一例外地把炼意放在创作首位。而对我们写文章来说，对人有无启发，对工作有无指导作用，关键也是看立意是否高远。

立意通过主题和观点呈现出来，通过结构和层次阐释出来，通过文字和论据表述出来，所以，确定立意、提炼主题是写文章最应该考虑好的，这就是炼意的重要性。

二、写作基本功的运用

文章的写法看似千变万化，但化繁为简来看，可以归纳为六种基本功，分别是扩写、缩写、改写、续写、补写和串写。我们可以从熟悉这些基本写法入手，把马步扎好了，再进一步掌握窍门。

1. 扩写

就是把原来内容简单、篇幅短小的文章或片段，经过再创作，丰富语言、结构和内容，使它比原作更充实、更具体、更完善。

扩写在工作中会用得比较多。比如，在平时工作中，可将一些会议纪要、工作简报、新闻稿等篇幅相对较短的材料，扩写成大文章。也可以依据几个观点，扩写出一篇讲话稿或者理论性文章。

扩写时要把握的是，补充和扩展的内容必须符合情理，不能随意改变原文的本意，真正做到吃透原文。善于找到可扩点，把原作空洞的地方写得更丰满，对模糊的地方要加以梳理，使条理更清晰、逻辑更严谨，对论述不够深入的地方要进一步论证，使观点更有深度，等等。

2. 缩写

就是把一篇较长的文章，在不改变原文主旨、重点的情况下，通过概括归纳，压缩成一篇较短的文章。

缩写也很常见，如起草领导讲话、情况报告、会议纪要、典型材料、工作请示等，往往都需要有较强的缩写功，要求从一堆素材中取其精华，所以很能训练人的材料取舍和剪裁功夫。

缩写的时候，要把握“三个基本”：基本要求是做到量体裁衣，在限定字数内，使缩写的文章符合要求；基本方法是做到分清层次，详略得当，哪些应该删减，哪些应该保留，心中要有数；基本原则是存主干、去枝叶，用化繁为简的写法，勾勒出原文的重点。

3. 改写

就是根据工作所需，把一种体例的文章，变成另一种体例的文章，或者把一种风格改造成另一种风格，把不符合要求的修改成符合要求的。

改写在写作中是最常见的一种写作形式，也是较为灵活的一种形式，不仅可以改动原作的内容，还可以根据需要改变原作的形式、题目、表达方法、语言风格，是以原作为题材进行的再创作，所以是一种难度较大的写作训练。改写的过程，实际上就是重新构思、重新剪裁、重新布局的过程，功夫全在一个“改”字上。

练好改写功，需要在三个方面下功夫：一是要会驾驭多种文体，多学多练，做到十八般武艺样样精通。二是要正确把握修改方向，明确修改意图和改写要求，使修改后的稿子合情、合理、合法。三是要充分体现修改的创造性。改写绝不是简单的重新组合，而要注入自己的思想和创新的元素。

讲一个有趣的故事，说明改写的特点。民间流传一首《四喜诗》：“久旱逢甘雨，他乡遇故知。洞房花烛夜，金榜题名时。”南宋洪迈的《容斋随笔》有记载。历史上几次有人对它进行改写。

比如，明朝有人在四句前分别加上两个字，“十年”“万里”“和尚”“教官”，增强了表达效果，让人会心一笑。还有人把每句各加两字改成《四悲诗》：“久旱逢甘雨，一滴；他乡遇故知，债主；洞房花烛夜，隔壁；金榜题名时，重名。”形成了强烈反差。

4. 续写

就是顺着原作的思路、线索、脉络或主旨的发展，对原文进行合理的延伸。续写在文学作品中比较常见，我们都知道,《红楼梦》后四十回是高鹗根据曹雪芹前八十回提供的线索和伏笔续写的。我们日常的写作特别是修改过程中也经常存在续写的问题。续写要保持前后文语言风格一致，根据前文合乎逻辑地续写后续内容，做到前后呼应，相得益彰。

续写和扩写有相似的地方，二者都是对原文的增加和补充，但扩写是整体放大，而续写是往后延伸补充。相对而言，续写对行文的内容限制较小，留下可供自由发挥的余地比较大，但也不能信马由缰，在动笔前最好能列出一个写作提纲，明确好写作的重点。

5. 补写

就是将不完整的文章进行改造加工，补充完整。比如，一篇文章有时候由于一些原因，有些部分完全不能用，那整体上就缺了一块，就要用到补写。根据需要，哪里缺失就补充哪里，但不管补写哪一部分内容，都要首先认真研究已有部分，进行逻辑推导，理出内容衔接的线索，对空缺部分加以创造性发挥，将文章补充完整。

6. 串写

就是将看似无关联的几个词语、词组、句子有机组成一段话或一篇文章。在实际工作中，有时可能需要根据几个关键词，写成一篇文章。而拆解一篇文章，到最后会发现都是由若干个词语组成的。

比如，要写一篇文章，“高质量发展”“改革”“人才”都要体现，或者给了“党建”“抓落实”“制度建设”几个关键词，要把它们串写成一篇文章。这在工作中是经常遇到的。

串写要注意几点：一是准确掌握词句含义。动笔之前，认真理解所给定的词语、句子的意思。只有完全理解它们，才能准确把握领导意图和词语内涵。

二是宏观进行构思。串写时要通篇考虑，大处着眼，形成整体思路，来观照具体的词句，而不是一上来就拘泥在词句上，跳不出来。

三是做到逻辑自洽。在运用给定的词语和句子时，要表述自然，逻辑合理，自圆其说，不让人有生涩之感和产生歧义。

我们用前一章毛泽东指导胡乔木起草“除四害”通知的例子来看，在毛泽东指出的意见当中，其实也包括了六种基本写法：

“可用一个星期的时间将全国各省、市、县见于报纸的经验一齐找来仔细看一遍，边看边想，形成成套思想，然后下笔成文。”——这是缩写。

“至少改三遍、五遍，找彭真、刘仁及北京有经验的除害干部二三人及科学家二三人开一二次会，发表意见，修正文字，字斟句酌，逻辑清楚，文字兴致勃勃。”——这是改写。

“文件可以长一点，达一千字至二千字左右也可以。总之使人看了感觉解决问题，百倍信心，千钧干劲，行动起来。”——这是扩写。

“内容要把人人振奋，改造国家，带动消灭人病、牲口病、作物病的道理讲清楚，这是理论。”——这是串写。

“然后讲办法，也要讲得入情入理，使人觉得切实可行，没有外行话。要写这一部分，也要认真研究，下苦功钻一下。”——这是续写。

“然后讲到书记动手，报纸、刊物、广播、定期扫除、定期检查等事，作为结束。”——这是补写。

可见，即便是写一个常见的普通的通知，也会运用到这些写作的基本功，而只要把这些基本功练扎实了，就能自如地驾驭各种写作任务，以不变应万变。

三、写作手法的运用

文章的写作方法大体分为记叙、描写、抒情、议论、说明五类。记叙、描写、抒情是形象思维，属于感性范畴，是文学作品的内核所在；议论、说明是逻辑思维，属于理性范畴，它是论说文或科学作品的内核所在。

领导干部平常主要写的是论理性的文章，也离不开以上几种写作方法，其中最主要的是记叙、议论、说明，很少用到抒情，除非是在动员时、庆典时的讲话，或者是贺信、贺词中偶尔会用上一点抒情，基本上没有用到描写的时候。

论理性的文章中的记叙不像记叙文可以灵活运用倒叙、插叙、转叙，它用的多是顺叙、平叙，讲究平铺直叙，一目了然，明白晓畅，忌讳曲折起伏、变幻莫测。一篇文章，如果阅读者一看标题或者一看开头，就知道文中所要表达的内容并猜出它的结尾，那它的叙述就是十分成功的。

论理性的文章中的议论也不像学术论文追求逻辑的严密，不像报刊社论和政论文追求气势的恢宏，它追求的是说理的实在、事实的无误，多数是在一篇文章中含有议论的成分，很少会作多方面、多层次、多角度的完整性论证。

论理性的文章中的说明也不需要像产品说明那样巨细无遗，它仅仅是根据需要作必要的补充说明即可，如规章的名词解释部分就用说明的方法。完全采用说明方式的只是法规性的文件（如章程、条例、规定、办法等），其他大部分说明都是与叙述、议论等结合起来运用。

四、修辞的运用

陈望道先生在《修辞学发凡》提到消极修辞和积极修辞："消极的修辞只在使人'理会'，使人理会只需将意思的轮廓，平实装成语言的定形，便可了事。积极的修辞，却要使人'感受'。使人感受，却不是这样便可了事，必须使看读者经过了语言文字而有种种感触。"

如果说文学作品需要用积极修辞增强表达效果，论理性的文章则是消极修辞的典型代表。它追求观点的表达效果，或者作为实用文体服务于实际工作，最重要的就是用明白晓畅、清晰准确、通俗易懂的语言把要说的内容说清楚，最大限度地让受众获得更多信息，不引起歧义和理解偏差。这是由它的性质和特点决定的，它的目的就是追求高效直接的信息传播，而不是让人听了之后一头雾水，或者需要发挥想象才能理解。

陈望道先生进而指出了消极修辞的四条原则：意义明确；伦次通顺，就是依顺序、相衔接、有照应，做到文气贯通；词句平匀，就是选词造句需要有平正的标准，没有怪词僻句，没有夹杂或者驳杂的弊病；安排稳秘，就是语句的安排要内容贴切。这些要求涉及主旨、结构、文气等多个方面，对于领导干部的写作基本都是适用的。

第十三章
写作中的实用方法

在本章中，我们结合前面所述的理论与认识，讲述在写作之中将会运用到的若干种具体方法。

大家在讨论和学习写作时，会了解很多原则性的要求，如主题要鲜明，条理要清晰，观点要突出，内容要充实，等等，这些要求说起来都很简单，但如何才能做到呢？有什么有效的方法和工具呢？这才是最关键的。

对于写作来说，既要了解其理论、规律和肌理，也要掌握一些有效管用的实用方法。要知道“过河”将到达的地方，还要解决过河的“桥”与“船”的问题。本章介绍的实用方法，就是这样的“桥”与“船”。

一、段头撮要的运用

领导干部写作的大部分文章，都是为了观点的表达和推动实际工作，它的主题主旨必须明白显露，十分鲜明。它需要与全文结构紧密融合，需要与材料相辅相成，需要与语言和谐一致，这就需要一定的主题呈现方法。

主题的呈现就是各级标题，主标题是核心观点，下面有各个层级的大小观点，总论点与分论点共同构成全篇文章的观点体系。标题就是文章的观点，除了标题之外，每个层次段落的首句、起句也具有类标题性质，是标题的拓宽和延展，是文章观点的体现，也是主题表述体系的一部分。

因此，文章每段内容第一句话的提炼很重要，它既是承上启下的过渡，也是全段内容的提要，能起到总体概括作用，有了这样的“段旨句”，一段文字要说什么事情、有什么结论就一目了然，文章更精练。在写文章时，应有意识地琢磨每段的首句。这其实是一种非常重要的写作方法，我们把它叫作“段头撮要法”。

所谓段头撮要，就是在文章的每一个部分、每一个层次、每一个意义段的前面，用简明的语言，概括出该部分、层次的主旨所在，以显示出一篇文章在总的观点、基本论点及中心思想统率下的具体观点和主张。通常做法是将一个小标题置于一个部分文字的顶部，或者把一段话放在段落的开头。多数情况下还在前面标以序号。

“撮要”，也可以叫倒悬，它最大的好处是能让受众快速抓住要领，把握行文的缘由、目的、意义，唤起注意，有利于增强主旨的表达效果。

这一方法的起源，可以追溯到毛泽东提议并亲笔修改后经中共中央下发的《中共中央关于纠正电报、报告、指示、决定中的文字缺点的指示》，其中强调：

> 一切较长的文电，均应开门见山，首先提出要点，即于开端处，先用极简要文句说明全文的目的或结论（现代新闻学上称为“导语”，亦即中国古人所谓“立片言以居要，乃一篇之警策”），唤起阅者注意，使阅者脑子里先得一个总概念，不得不继续看下去。然后，再作必要的解释。长的文电分为几段时，

每段亦应采用此法。①

可以说，段头撮要是毛泽东从理论、实践方面一再倡导的一种写作技巧。他自己更是在这方面做出了榜样。起句立意、开门见山的技法，在他所撰写的著作和起草的文章文件中，可以说是比比皆是。

比如，《中国社会各阶级的分析》开篇第一句就是："谁是我们的敌人？谁是我们的朋友？这个问题是革命的首要问题。"②

《集中优势兵力，各个歼灭敌人》第一段第一句就是："集中优势兵力、各个歼灭敌人的作战方法，不但必须应用于战役的部署方面，而且必须应用于战术的部署方面。"③

即使是在只有500多字的短文《关于健全党委制》中，毛泽东巧妙地运用了这种谋篇方法，开头起句立意："党委制是保证集体领导、防止个人包办的党的重要制度。"④鲜明地指出了全文的基本观点与中心思想。

在《党委会的工作方法》中，毛泽东讲了十二个问题，每个问题的开头都有"段旨"：一、党委书记要善于当"班长"。二、要把问题摆到桌面上来。三、"互通情报"。……这样不仅在结构上使全文眉清目秀，也使全文的观点更加鲜明突出。

二、提纲的运用

前面说过，围绕主题设计结构是写文章的重要方略，而结构的设计要通过列提纲进行细化并固定下来，以便写作时有所遵循。

---

① 《胡乔木传》编写组编：《胡乔木谈语言文字》（修订本），人民出版社2015年版，第57页。
② 《毛泽东选集》第1卷，人民出版社1991年版，第3页。
③ 《毛泽东选集》第4卷，人民出版社1991年版，第1197页。
④ 《毛泽东选集》第4卷，人民出版社1991年版，第1340页。

提纲的重要性体现在，它初步确定文章的内容，为整个文章的面貌和走向划定了“轨道”，能起到提纲挈领、纲举目张的作用；它是思考逻辑与文本逻辑的结合，因而是起草者运思过程的呈现；它是文章的“初级产品”或者“胚胎”。

文章的结构布局方式一般有两种：一是列出书面提纲。提纲的详略应根据文章内容需要和写作者行文习惯而定。重要文章提纲应尽可能列得细一些，甚至可以细到每段几个层次，每个层次包含的要点以及精彩的阐述语言等，然后稍加扩充、润色、归整，就可以成为一篇优秀的文章。

二是在心里列提纲，也就是打腹稿。虽没布局成文，但脑子里勾画了轮廓，短一些、急一些的文章多采取这种办法。

无论是列出书面提纲还是打腹稿，都要始终围绕主题来进行，一级提纲扣紧主题，二级提纲扣紧一级提纲，做到环环相扣，首尾相顾，不板不乱，浑然一体。

对于写作者来说，提纲是破题的一个重要手段，构思和拟定提纲也是进入写作状态的一个过渡阶段。对于要写的题目，经过认真调查研究、深入思考，广泛收集素材、了解情况，对要写的题材有初步的认识，对主题、结构、内容有一些大致的想法，这就是一个提纲的雏形。把这些想法转化为文章的内容框架，就形成了一份提纲。提纲一旦形成，就在头脑中形成了一篇文章的整体概念，能够做到心中有数，胸有成竹。

要注意的是，提纲是过程性的，同时是开放性的，不能画地为牢。有了提纲之后，还要进一步思考和深化认识，对提纲中模糊存疑的地方加以验证，增加确定性，对一些有所偏差的地方进行校正，在此基础上调整和完善提纲，组织素材进行写作。这是一个持续的思考和研究的过程。既要重视提纲，又不能完全依赖提纲，需要辩证地看待。

三、意群的运用

前面说到，文章的内容是由观点和素材组成的。观点是从素材中提炼出来的精华，是文章的筋骨，一般通过标题和分析、结论、对策、建议等体现出来。观点应从大处着眼，站在全局的高度考虑问题，既符合实际，又有一定的深度，既准确抓住事物的本质，站得住脚，又要鲜明，直言赞成什么反对什么。观点立起来，文章也就立起来了。

素材是文章的血肉，素材应紧扣主题和观点，能够说明问题，贴切自然。素材一般较多，要合理分配，权衡取舍，但切忌先入为主，拿着观点找素材。

关于观点与材料的关系，毛泽东有很精辟的论述。1958 年 1 月，他在《工作方法六十条（草案）》一文中提到：

> 把材料和观点割断，讲材料的时候没有观点，讲观点的时候没有材料，材料和观点互不联系，这是很坏的方法。只提出一大堆材料，不提出自己的观点，不说明赞成什么反对什么，这种方法更坏。要学会用材料说明自己的观点。必须要有材料，但是一定要有明确的观点去统率这些材料。材料不要多，能够说明问题就行，解剖一个或者几个麻雀就够了，不需要很多。自己应当掌握丰富的材料，但是在会上只需要拿出典型性的。

必须懂得，开会同写大著作是有区别的。[①]

观点与素材，是论点与论据的关系，观点源于素材而高于素材，是对素材的高度概括。素材是为了说明和论证观点，是观点的事实依据。没有素材的观点，是空架子，没有说服力，无法立起来，而没有观点的素材，则是一堆散乱的砖头，发挥不了什么作用。

观点和素材的组合，称为“意群”，这是为了便于理解而借用英语中的说法，但不同于英语中的 sense group（是指句子中按意思和结构划分出的各个成分）。此处的意群，就是文章中切分的具有相对完整性的概念，由观点和素材组成。

文章中的观点是散落的、分层次的，也是有机统一的，但不管或大或小，每一个观点都要有相应的素材来说明。具体来说，支持论点的论据包括事实论据和理论论据，事实论据是实例、数据、案例等，理论论据则是法律条文、政策规定、名言警句等，它们都是用来说明和支持观点的。

文章内容是由观点和素材组成的，但它们不是随意堆砌和组合的，而是组成了一个个或大或小的概念，这些概念可能是一个大的部分，一个层次，一个意义段，一个内容要点等，把每一个单独的概念拿出来，它是自足的，但组合在一起，它们又和别的概念构成有机的关系。

当我们对大的概念进行不断拆分，到最后不能再拆分的概念，就好比建筑中的砖头这种最基本的构件，按照事先考虑好的思路，把一个个“砖头”砌成一面墙，几面墙再砌成一间房，很多间房就可以构成一

① 《毛泽东文集》第 7 卷，人民出版社 1999 年版，第 356 —357 页。

栋楼。

所以，不管是写作还是阅读，我们都可以按照这种思路，把文章理解成是由意群构成的，阅读时可以从大到小分解，写作时反过来从小到大进行构建。整段话、整个部分、整篇文章都可以运用这种方法来组织，从而呈现一个个完整的意群。这时候活跃在我们头脑里的，就是意群的组合，而不是简单的观点和支零破碎的素材的无序叠加。

意群不仅仅是一个个独立的概念，而且这些概念并不是无序组合，而是根据一定的关系组合在一起的，所以意群和单个概念相比，包含了明示或隐含的逻辑关系。

这些逻辑关系，在意群内部，以及意群与意群之间，无时无刻不在发挥作用。所以，在运用意群来组织内容时，要抓住主线，做到线索清晰；要建立框架，做到架构完整；要有机衔接，注意勾连和呼应；要层次分明，做到宏观、中观、微观内容匹配得当。

既然内容是由一个个大大小小的意群构成的，那么写实内容先要从写实意群开始。比如，《中国共产党第十九届中央委员会第五次全体会议公报》中的部分内容：

> 全会强调，全党全国各族人民要再接再厉、一鼓作气，确保如期打赢脱贫攻坚战，确保如期全面建成小康社会、实现第一个百年奋斗目标，为开启全面建设社会主义现代化国家新征程奠定坚实基础。
>
> 全会深入分析了我国发展环境面临的深刻复杂变化……
>
> 全会提出了到二〇三五年基本实现社会主义现代化远景目标……

全会提出了“十四五”时期经济社会发展指导思想和必须遵循的原则……

全会提出了“十四五”时期经济社会发展主要目标，这就是：**经济发展取得新成效**，在质量效益明显提升的基础上实现经济持续健康发展，增长潜力充分发挥，国内市场更加强大，经济结构更加优化，创新能力显著提升，产业基础高级化、产业链现代化水平明显提高，农业基础更加稳固，城乡区域发展协调性明显增强，现代化经济体系建设取得重大进展；**改革开放迈出新步伐**，社会主义市场经济体制更加完善，高标准市场体系基本建成，市场主体更加充满活力，产权制度改革和要素市场化配置改革取得重大进展，公平竞争制度更加健全，更高水平开放型经济新体制基本形成；**社会文明程度得到新提高**，社会主义核心价值观深入人心，人民思想道德素质、科学文化素质和身心健康素质明显提高，公共文化服务体系和文化产业体系更加健全，人民精神文化生活日益丰富，中华文化影响力进一步提升，中华民族凝聚力进一步增强；**生态文明建设实现新进步**，国土空间开发保护格局得到优化，生产生活方式绿色转型成效显著，能源资源配置更加合理、利用效率大幅提高，主要污染物排放总量持续减少，生态环境持续改善，生态安全屏障更加牢固，城乡人居环境明显改善；**民生福祉达到新水平**，实现更加充分更高质量就业，居民收入增长和经济增长基本同步，分配结构明显改善，基本公共服务均等化水平明显提高，全民受教育程度不断提升，多层次社会保障体系更加健全，卫生健康体系更加完善，脱贫攻坚成果巩固拓展，乡村振兴战略全面推进；**国家治理效能得到新提升**，社会主义民主法治更加健全，社会公平正义进一步彰显，国家行政体系更加完善，政府作用更好发挥，行政效率和公信力显著提升，社会治理特别是基层治理水平明显提高，防范化解重大风险体制机制不断健全，突发公共事件应急能力显著增强，自然灾害防御水平明显提升，发展安全保障更加有力，国防和军队现代化迈出重大步伐。

以上这些段落也清晰地划分出了意群。“全会深入分析了我国发展环境面临的深刻复杂变化”“全会提出了到二〇三五年基本实现社会主义现代化远景目标”“全会提出了‘十四五’时期经济社会发展指导思想和必须遵循的原则”“全会提出了‘十四五’时期经济社会发展主要目标”，每个段落都阐述了一个清晰完整的概念。

在“全会提出了‘十四五’时期经济社会发展主要目标”这个段落里，主要阐述的是“经济社会发展主要目标”这个概念，从“六个新”的角度分开阐述，即：经济发展取得新成效、改革开放迈出新步伐、社会文明程度得到新提高、生态文明建设实现新进步、民生福祉达到新水平、国家治理效能得到新提升。这里每一个“新”都是一个完整的意思，即一个独立的概念，但同时它与别的概念构成了逻辑关系。

而在每一个“新”当中，不难发现，都是观点与素材的组合。比如，“经济发展取得新成效，在质量效益明显提升的基础上实现经济持续健康发展，增长潜力充分发挥，国内市场更加强大，经济结构更加优化，创新能力显著提升，产业基础高级化、产业链现代化水平明显提高，农业基础更加稳固，城乡区域发展协调性明显增强，现代化经济体系建设取得重大进展”，第一句话是观点和结论，而后面的内容都是对前述观点的论证和展开。

《庄子·养生主》中有一个庖丁解牛的故事，讲到庖丁在宰牛时有一招叫“批大郤，导大窾”，就是劈开筋骨间大的空隙，沿着骨节间的空穴使刀。后来用“批郤导窾”比喻善于从关键处入手，找到解决问题的办法。

如果把文章的内容比作一只牛，那么，这只牛的“郤”和“窾”就是意群，写好内容的关键就在于从意群下手。

《列子》中有一个故事叫“视虱如轮”，说的是一个叫纪昌的射手在学箭时，在师傅的指点下，学会把要射的目标在视野中放大，比如把一只虱子看得如车轮那么大，能够清楚地看到其内部结构，射起来自然更准了。

运用意群这个概念，有助于我们达到“视虱如轮”的效果，更准确、更细致、更具体、更明白地把握文章的内容组成，更好地驾驭文章内容。

四、起承转合的运用

要使文章文气畅通，从技术方法上来说，可以先从起承转合做起，尽量做到脉络分明，一气贯通，“丝线串珠，顺流直下”。起承转合的行文方法，难度不是很大，只要多学习、多揣摩、多写作，是不难掌握的。

起与合，指的是文章的开头与结尾；承与转，指的是文章内部的连接与过渡。文章就像一部机器，起承转合就是装配的技巧，也就是文章写作的基本技巧。开头要开门见山、直奔主题；连接要顺水推舟、自然平顺；转要见风使舵、力挽狂澜；合要水到渠成、干净利落。

起承转合不仅仅体现在文章的整体构架中，体现在段落与段落之间，还体现在层次与层次、句与句之间，在宏观、中观和微观层面都能得到很好的运用。上下句之间没有必然联系，不讲承转关系，生拼硬凑，是写作之大忌。

除了内容的逻辑承转要到位之外，还要善于运用一些逻辑连词进行段落与段落之间、句与句之间的过渡，以弥合相互之间文意上的“缝隙”，疏通整篇文章的文气。比如，并且、同时、另外、此外、因此、但是等这些逻辑连词，就能起到这样的作用。这与前面所说的结构中的衔接是一致的。

五、思维方法的运用

习近平同志在2012年中央党校秋季学期开学典礼上提到一个重要观点，要求领导干部应该具备“辩证思维、战略思维、全局思维、创新思维”。这四种思维也是写文章必须掌握的重要思想方法。

1. 辩证思维

领导干部所写的论理性的文章，在思维方式上以辩证思维为主，在内容形式上以说理为主。说理是什么？是概念，是逻辑，是辩证思维的思想结晶。但是干巴巴地说理是不行的，要善于“理从事出，片言为典”，从具体的事出发总结出道理，并且浓缩提炼。

辩证思维最基本的特点是将对象作为一个整体，从其内在矛盾的运动、变化及各个方面的相互联系中进行考察，以便从本质上系统地、完整地认识对象。一旦使理论从实践中破壳而出，就有了独立的指导意义。

比如，一篇阐述“如何把好干部用起来”的文章，从四个方面进行了论述：坚持既注重群众拥护又不以票取人，坚持既注重干部的成长经历又不论资排辈，坚持既注重干部的“显绩”又不忽视其“潜绩”，坚持既注重干部的集中考评又不放松平时的监管。这四层意思，既符合中央的精神，又切合实际情况，考虑到事物的两个方面而不执于一端，政策导向非常鲜明又顾及了实践操作的可行性，体现了一分为二的辩证思维。

2. 战略思维

战略是军事用语，原意是筹划和指导战争全局的方略。战略思维是指思维主体对事物的全局性思维，是系统、创造性地思考、规划全局性问题时的思维活动过程。文章写作中的“略”，是谋篇布局的方略，是系统的思维过程，是文章内部的组织形态。

战略思维的高低，取决于几种能力：观察能力，即有意识地对现象进行感知的一种思维能力；判断能力，即对事物性质有所肯定或者否定的一种辨别能力；预见能力，即根据客观规律判断事物未来发展变化的一种能力；创新能力，即在观察、想象、判断和预见的基础上，发现新问题，提出新见解，正确应对事物新发展、新变化的一种能力。

其中，预见是战略思维的灵魂，没有预见，就没有战略思维。培养预见能力，就要善于从观察了解事物运动的延续性、广延性、因果关系、相似关系等方面加强战略思维训练。

3. 全局思维

所谓全局，是指事物各个要素相互联系、相互作用的发展过程。从空间上说具有广延性，是指关于整体的问题，从时间上说具有延续性，是指关于未来的问题。

全局思维就是审时度势，时势并举。“时”，就是要看清形势，着眼形势，牢牢把握住时代的脉搏。“势”，是一种“因势而谋、应势而动、顺势而为”的思维方式。时与势，互为依托，互相交融。

具体来说，全局思维就是从实际出发，正确处理全局与局部、内部与外部、未来与现实的关系，为实现全局性、长远性、战略性目标而进行思考。

清末陈澹然有一句名言：“不谋万世者，不足谋一时；不谋全局者，不足谋一域。”其中“谋万世”“谋全局”强调的正是全局思维的重要性。在写文章时，也应主动从全局和长远的高度来进行构思。

4. 创新思维

创新思维是逻辑思维、形象思维、直觉思维和灵感思维等多种思维形式的有机结合，本质在于将创新的感性意识提升为理性探索，实现创新活动由感性认识到理性思考的飞跃。培养创新思维，要有问题意识，有善于归纳总结的能力，还要有大胆创新的动力。

结 语

写作者的自我修养

写作是职场人士也包括各级领导干部的基本功，是实现自我的重要途径，也是一种参与公共事务的途径。写作者以专业知识和能力服务于社会，通过自己的工作创造社会价值，也从中积累阅历和见识，提高素质和能力，涵养心性与情操，砥砺意志和品格。

清人有一副对联："读书心细丝抽茧，炼句功深石补天。"文字的推敲和打磨是永无止境的，有时候需要倚马可待，有时候需要精心打磨。在锤炼打磨当中，修炼的是心性，考验的是人格修为，提升的是人生功底。正是在这个意义上，可以把写作看作一种修行。

学无止境，文无止境。所以要时刻保持永无止境的心态，不断让自己归零。除了文字本身的锤炼之外，提高写作水平，还一定要结合实践，领导干部写作的目的也是运用于实践。

儒家有个认识论命题叫"格物致知"，意思是说，探究事物是获得知识的前提，也是重要的方法。这对写作者最重要的启示是，除了阅读学习，还需要在实践中脚踏实地不断观察思考，丰富和深化对于实践的认知。要在活生生的实践中“望闻问切”，多在事上磨，从实践中积累才干和经验智慧。

写作的过程，是格物与致知的统一。既要深研事理，探究事物背后的原理和规律，更要注重实践，用这些规律性的东西来指导实践，推动工作。

领导干部写作时，也是一个模拟决策与管理演练的过程。要提高模拟决策的效果，就必须增强对实践工作的领悟力。在遇到问题后，对这些问题进行解剖，多问几个为什么，在干中思，在思中写，在写中学，逐步学会在实践中把握大局、厘清思路，解剖麻雀、提高认识，发现问题、找出对策，深化对现实问题的理性思考，将实践成果转化为文字内容，把工作与文章合二为一，实现工作能力与写作能力的同步提高。

古代的很多名臣像诸葛亮、苏轼、王阳明、曾国藩等人，现代的革命家和政治家如毛泽东、邓小平，很多人都善于写文章。他们主要的身份是革命家、政治家，写作是他们施政履职的工具。

他们通过学习和实践的努力，往往在撰写文章上做到了几个“一样”：像政治家一样高瞻远瞩，像哲学家一样理性思考，像史学家一样深刻厚重，像教育家一样富于启发，像文学家一样引人入胜。具有了这样的能力素质，还有什么事情干不好呢？

写作能力是一项重要的综合能力，更是一种无法估价的本事，学会了没有人可以拿走。古代没有写作能力的人是不可能进入仕途的。

“文山会海”之所以出现，除了官僚主义作风外，也在于真正会写文章的人太少，肯动脑筋的人太少，肯负责任的人太少，而这恰恰凸显出写作的价值所在。提高写作水平，是现实工作的需要，也是领导干部的努力方向。

写作能力是一个人才华和见识的体现，是一个人发展的基础能力，但一个人要想有大的作为，有才华只是基础，光是写作能力强还是不够的，更重要的是综合能力要强，需要更全方位的能力。

这些能力素质包括价值观、动机、个性、知识技能、通用能力、业务水平，包括问题意识、学养水平、创新能力、总结复盘能力、综合分析能力、判断能力、运思能力、筹谋能力，还有洞察力、思维能力、适应能力、自我规划与执行能力、工作习惯、工作效率，甚至还有谈吐形象、精力体力，等等。

写文章是为工作服务的，工作是解决问题、推动发展。如果只是在文字上琢磨，而不思考文字背后的工作和问题，那就失去了写作应有的意义和价值。

历史上有些著作，如李斯的《谏逐客书》、贾谊的《治安策》、魏徵的《谏太宗十思疏》、欧阳修的《朋党论》以及伟大的革命家毛泽东的《论持久战》著作，等等，它们因为对现实问题的深刻思考，对社会发展趋势的敏锐洞见，成为推动当时社会发展和历史进步的重要载体，而且作为千古名篇流传后世。

要写出这样的雄文名篇，不是寻章摘句、搜肠刮肚所能炮制出来的，一个时代的声音，无数人的情感，被写作者凝聚在笔底。这也是值得追求的以文立言的最高境界。

文字是重要的，其重要性在于，不朽的事物往往通过文字来表达和传递，一旦文字承载了不朽的事物，也就有了重要意义和历史价值。

虽说写文章的过程有苦有累，但当碰撞出一个精彩观点时，写作者会欢欣鼓舞；当思考出一个非常好的思路时，会心花怒放；当思考和建议转化为一项项具体政策和措施时，会暗自高兴。这些点滴的成功，都会汇成过程中的快乐，让写作者体悟到成就感、价值感和满足感。

写文章的人本质上说是读书人，是知识分子，应该有自己追求的专业精神与价值取向，保持自己的独立人格和独立思考。有人格、有主见、有灵魂的人，才能写出好的文章，贡献出好的思想。

习近平总书记给新闻工作者提出了“四力”的要求，某种意义上，这“四力”对所有写作者都是适用的，只不过其中的内涵不一样。脚力，就是调查研究，结合能力；眼力，就是眼光视野，辨别能力；脑力，就是思想站位，思维能力；笔力，就是写作技巧，文字能力。写作者应该把“四力”作为自己写作修炼和提升的方向。